1536년 라틴어 초판
기독교강요 처음읽기

기독교강요 처음읽기

초판 1쇄	2020년 3월 30일

저자	장 칼뱅
편역	정요한

펴낸이	고현길
펴낸곳	디아로고스
등록	제2008-000019호
주소	대전광역시 서구 대덕대로 325, 4층 485호
전화	(042)487-3043
이메일	dialogos@daum.net
총판	기독교출판유통 (031) 906-9191

ISBN	979-11-969782-0-4 (03230)

● 책 값은 뒷표지에 있습니다.
● 무단 전재와 복제를 금합니다.

이 도서의 국립중앙도서관 출판예정도서목록(CIP)은 서지정보유통지원시스템 홈페이지(http://seoji.nl.go.kr)와 국가자료공동목록시스템(http://www.nl.go.kr/kolisnet)에서 이용하실 수 있습니다.(CIP제어번호: CIP2020010584)

추천사

개혁신학의 내용을 신속하게
파악하기 원하는 신자들을 위한 안내서

개혁신학의 내용을 파악하기 원하는 신자들에게 신속하게 신학진수를 맛볼 수 있게 도와주는 귀한 안내서가 출간되었다. 『기독교강요 처음읽기』는 1536년 출판된 기독교 강요 초판을 요약적으로 설명한 책이다. 1559년에 최종판이 나오기까지 많은 내용들이 추가되었지만, 핵심적인 신학의 정수는 초판에서도 그대로 읽을 수 있다. 프랑스 아미엥 대학에서 칼뱅의 제네바 아카데미에 관한 박사논문을 쓰고 있는 학자에 의한 번역이어서 더욱 믿을 만하다. 칼뱅의 사상을 처음 접하는 이들이 시작하기에 매우 적합한 책이므로 적극 추천한다.

총신대학교 신학대학원 조직신학 김광열 교수

추천사

기독교강요 초판을
한눈에 볼 수 있는 약도

일반적으로 책의 저자들에는 어떤 특성이 있습니다. 자신의 지식을 자랑하는 과시형, 수많은 정보를 제공하는 정보형, 경험담을 엮은 회고형, 인생의 누추한 사실을 밝히는 고백형, 자신이 얻은 것을 나누기를 좋아하는 나눔형 등등 저자의 특성들이 나타나기 마련입니다.

어느 형이 좋다 혹은 나쁘다고 단정지을 수는 없습니다. 책 안에서 무엇을 다루느냐 하는 게 더 중요하기 때문입니다. 아무래도 인생사나 역사 혹은 흥미진진한 수많은 이야기들도 있을 것입니다. 그러나 결국 인간이 도달할 수 있는 인생의 최종적인 상태에 대해 다루는 저자는 그리 많지 않습니다.

이 책은 인간이 도달할 수 있는 인생의 최종적인 상태에 대해 그리고 그 목표점에 도달하기까지 인생이 어떻게 살아야 할 것인가를 잘 보여주고 있다는 점에서 깊은 관심을 가지게 합니다. 바로 칼뱅의 『기독교강요 초판』(1536년)을 누구나 쉽게 이해할 수 있도록 저자가 심혈을 기울여 요약해서 서술하고 있기 때문입니다.

저자는 평소 학구열에 불타는 수준 높은 학자입니다. 그런 저자가 기독교 사상을 일목요연하게 서술하고 있는 책으로 가장 먼저 『기독교강요 초판』을 선택했다는 것은 매우 사려 깊은 통찰입니다.

이 책은 『기독교강요 초판』을 통해서 독자들이 기독교 사상이 무엇인가를 쉽게 이해할 수 있도록 핵심적인 내용을 요약하고 있습니다. 일종의 도움닫기라 할 수 있을 것입니다. 이 책을 접한 독자들은 기독교강요를 한눈에 볼 수 있는 약도를 가진 것과 같습니다.

이 책을 통해 하나님을 아는 지식에서 그리고 성도들의 일상생활에서 풍성한 열매를 맺을 수 있을 것입니다.

송영찬, 샤로수교회 목사,
도서출판 '교회와 성경' CNB 시리즈 편집인

역자 서론

칼뱅의 『기독교강요』는 종교개혁 신학의 집대성이자 개신교 신학의 정수를 보여주는 책입니다. 칼뱅의 나이 27세이던 1536년 라틴어로 된 초판이 나오고 이어서 1541에는 프랑스어 초판이 나왔습니다. 이후 개정을 거듭해서 1559년 최종판이 출판되었습니다. 처음 6개장의 한권으로 나왔던 책이 최종판에서는 20장의 네 권으로 늘어났는데 이는 초판에서 최종판까지의 23년 동안 있었던 무수한 논쟁의 결과물들이 최종판에 포함되었기 때문이었습니다. 그러나 기본적인 신학의 뼈대와 핵심적인 내용은 초판부터 최종판까지 거의 변하지 않아 그 핵심을 읽고 공부하는데는 초판으로도 충분합니다.

『기독교강요』에는 개신교 신학이 잘 요약되어 담겨 있습니다. 16세기 종교개혁기에 종교개혁신학을 총체적으로 담은 글을 내놓기 위해 애쓴 사람은 칼뱅만은 아니었습니다. 그러나 아무도 칼뱅처럼 한 권의 짧은 분량으로 쉽게 개신교 신학과 신앙을 요약한 책을 쓰지는 못했습니다. 이 책이 나온 후 사람들 사이에서 누군가 개신교 신학이 무엇이냐고 묻는다면 칼뱅의 『기독교강요』를 제시하면 그 해답이 될 만큼 이 책이 종교개혁에 끼친 영향은 지대합니다. 스위스 종교개혁자들을 중심으로 세워진 신학을 개혁주의라고 하는데 이 개혁주의와 동의어로 칼뱅주의라는 용어를 써도 무리가 없는 이유는 다른 무엇보다도 이 『기독교강요』의 영향이 크다는 것을 부인할 수 없을 것입니다.

   칼뱅이 처음 『기독교강요』를 쓸 때는 사실 개신교를 변호하는 글을 쓰겠다는 생각은 별로 없이 학생들과 개신교에 관심 있는 사람들을 가르치고 그들에게 참된 경건이 무엇인지를 알려주는 책을 쓰고자 하는 의도를 가지고 있었습니다. 그러나 프랑스의 왕 프랑수아1세에 의해 개신교도들에 대한 박해가 진행되자 곧 개신교 신학의 변증서가 필요함을 느끼고 이 책의 집필 방향도 그렇게 바꾸게 되었다고 칼뱅 스스로가 책의 서문 격인 헌사에서 밝히고 있습니다. 그래서인지 『기독교강요』는 단순히 신학적인 변증과 교육을 위해서만이 아니라 참된 경건을 배우고 실천하는 데에도 유용한 가르침들이 많이 포함되어 있습니다. 특히 초판본은 각 장이 율법-믿음-기도-성례-거짓성례와 그리스도인의 자유로 이루어져 있는데 여기에는 각각 십계명, 사도신경, 주기도문의 해설이 포함되어 있습니다. 그리고 이 해설들은 그리스도인들이 어떻게 살고, 무엇을 믿고, 어떻게 기도해야 하는지를 잘 보여줍니다. 그래서 『기독교강요』는 신학생들과 목회자들만이 아니라 모든 개신교 성도들이 반드시 한 번씩은 꼭 읽어야 할 책입니다.

칼뱅은 글을 씀에 있어서 가장 중요한 것이 '간결함'과 '유용함'이라고 했으며 실제로 자신의 책을 간결하고 유용하게 쓰기 위해 애썼습니다. 『기독교강요』에도 그런 그의 생각이 반영되어 최대한 글을 단문의 쉬운 문장으로 쓰려고 노력했던 흔적이 곳곳에 보입니다. 그러나 16세기 프랑스 지성인의 글을 21세기 한국에 사는 우리들이 쉽게 읽어내기란 쉬운 일이 아닙니다.

이 작은 책은 현대인들이 『기독교강요』의 내용을 쉽게 접할 수 있도록 구성되었습니다. 『기독교강요』 초판본은 이미 오래전에 한국어로 번역되어서 출판되었습니다. 이 책은 강요의 글을 그대로 번역하기보다는 현대의 우리들이 읽고 이해하기 쉽게 그 내용을 편집했습니다. 그러면서도 그 내용과 본래의 의미를 해치지 않기 위해서 애썼습니다. 이 책을 통해서 처음 『기독교강요』를 접하시는 분들이 많아지시기를 바랍니다.

그리고 이 책에서 그치지 마시고 완역된 『기독교강요』 초판을, 그리고 최종판까지 읽어 나가서서 우리가 믿는 믿음과 삶의 핵심을 배우는 경건한 그리스도인들이 많아지기를 소망합니다.

목 차

추천사 · 4

역자 서론 · 7

헌사 · 14

제1장   율법 : 십계명

1. 하나님을 아는 지식 · 21

2. 인간을 아는 지식 · 22

3. 율법 : 하나님과 그분의 뜻에 대한 계시 · 24

4. 율법과 그리스도 · 26

5. 칭의 · 31

제2장   믿음 : 사도신경

1. 믿음 · 39

2. 사도신경 · 44

3. 믿음, 소망, 사랑 · 56

제3장   **기도 : 주기도문**

1. 기도 · 59
2. 주기도문 · 64
3. 말씀대로 드리는 기도 · 73

제4장   **성례**

1. 성례에 대하여 · 77
2. 세례 · 80
3. 주님의 성찬 · 84
4. 성례의 거행 · 91

제5장　　　　　　　　　　로마교회의 거짓성례

1. 성례의 제정 · 95
2. 견진례 · 96
3. 고해 · 99
4. 종부성사 · 104
5. 신품성사 · 106
6. 혼인성사 · 109

제6장　그리스도인의 자유, 교회의 권세, 세상의 정치

1. 그리스도인의 자유 · 113
2. 교회의 권세 · 120
3. 세상의 정치 · 125

헌사

지극히 영광스런 프랑스의 그리스도인 왕 프랑수아1세 폐하께 장 칼뱅이 주님의 이름으로 평안을 빌며 문안드립니다. 왕이시여, 처음 이 책을 쓰기 시작했을 때만 해도 폐하께 드릴 어떤 것을 쓴다고는 생각조차 하지 못하고 있었습니다. 제가 글을 쓰기 시작한 원래 목적은 우리가 믿는 믿음에 대한 가장 기본적인 사실들을 전달해서 믿음에 열심을 가진 사람들이 참된 경건에 도달하도록 돕는 것이었습니다. 그러나 어떤 악한 자들이 폐하께 우리가 믿는 믿음을 중상모략하기에 이에 대해 이 글로 변호하고자 합니다.

왕이시여, 왕은 자신의 왕국을 다스리는데 있어 스스로를 하나님의 종으로 여겨야 합니다. 하나님의 영광이 이 땅에 드러나고 그분의 진리가 그 지위를 유지하는 것을 왕의 통치의

궁극적인 목적으로 해야 하며, 만약 하나님의 말씀이 아닌 자신의 욕심으로 왕국을 다스리면서도 그 나라가 영원하길 바란다면 이는 스스로를 속이는 어리석은 일입니다. 우리 믿음의 대적자들은 폐하께 하나님의 말씀을 버리고 우리 믿음을 핍박하라고 진언합니다. 그러나 그것은 잘못입니다.

그들은 우리의 믿음이 이전에 없던 새로운 것이며 불확실한 것이고 우리 믿음의 진실함이 기적에 의해 증명되지 않는다고 고발합니다. 그러나 우리의 믿음은 철저하게 하나님의 말씀 위에 세워져 있습니다. 우리가 따르는 하나님의 말씀인 성경은 요즘 새롭게 쓰여진 새로운 책이 아닙니다. 그리고 하나님의 말씀 위에 세워져 있기 때문에 우리의 믿음은 불확실하지 않고 확실합니다. 우리는 이 믿음 위에 서서, 그 믿음 때문에 우리에게 던져지는 죽음이나 심판대를 두려워하지 않습니다. 그들은 또 우리의 믿음이 참된 것임을 증명하는 기적들이 나타나지 않는다고 합니다. 그러나 성경과 역사 속의 유명한 마술사들이나 요술쟁이들이 베풀었던 기적들도 그들이 확실한 진리를 가졌음을 증명하지 못했습니다. 오히려 이런 '기적들'은 사탄의 농간에 불과하며 그것은 사람들을 하나님에 대한 참된 예배가 아니라 허무한 곳으로 끌어갈 뿐입니다.

그들은 우리의 믿음이 교부들의 가르침에 반대된다고 주장합니다. 그러나 그 가르침을 잘 배운다면 교부들은 우리의 대적자들이 아니라 오히려 우리들과 우리의 믿음을 지지하고 있음을 알 수 있습니다. 먹고, 마시고, 사치하고, 수도원에 자신을 가두고, 새긴 형상을 교회에 두는 문제들에 대해, 성찬의 빵과 포도주, 결혼을 하거나 순결을 지키는 문제들, 또 다른 한편으로는 오직 그리스도의 말씀에만 귀를 기울이는 이 모든 일들에 대해서 우리의 대적자들은 교부들의 가르침을 거부했으나 우리는 그 가르침을 잘 따릅니다.

또 그들은 우리가 관습을 저버린다고 주장합니다. 그러나 왕이시여, 단순히 많은 사람들이 오랫동안 따라왔다고 해서 관습이 진리가 되는 것이 아닙니다. 선한 자들이 성경의 말씀을 따를 때 비로소 그들의 관습도 받아들여질 수 있습니다만, 로마교회의 관습은 악한 것이고 악한 관습은 전염병에 지나지 않습니다.

교회의 본질에 대해서도 그들은 우리를 헛되이 고발합니다. 그리스도의 교회는 오직 그리스도에 의해서만 보호되었습니다. 참된 교회는 어떤 보이는 조직이나 건물이 없이도 존재할 수 있습니다. 오직 하나님의 말씀을 순수하게 선포하고 성례를 올바르게 집행하는 곳만이 바른 교회입니다. 로마교회는 이 두 가지 면에서 바른 교회의 길을 떠났습니다.

또한 그들은 우리의 이 새로운 믿음 때문에 폭동이 발생하고 소란이 생겼다고 고발합니다. 왕이시여, 하나님의 말씀이 활동을 시작하면 사탄도 이에 맞서 싸움을 시작합니다. 참된 진리의 움직임을 폭력으로 눌러 버리려고 합니다. 폭동과 소란을 일으킨 쪽은 누구입니까? 우리는 아무와도 싸우려 하지 않습니다. 오히려 우리의 대적자들이 우리를 향해 폭동을 일으키고 폭행을 일삼고 소란을 일으키고 있습니다.

왕이시여, 왕께서는 거짓된 고발과 송사를 구별하시고 이를 받아들여 행동하는 것을 조심하소서. 무죄한 자들은 오직 하나님의 판단을 기다릴 뿐입니다. 만일 왕께서 우리를 핍박하신다면 우리는 도살장에 끌려가는 어린양처럼 그저 끌려가 목숨의 위협을 받게 될 것입니다. 그러나 주의 강한 손은 반드시 나타나서 그분의 말씀을 신뢰하는 자들을 건지시고 그들을 고발하는 자들을 징벌하실 것입니다.

바젤에서
1536년 8월 23일

제1장

율법 : 십계명

Institutio Christianae Religionis

1. 하나님을 아는 지식

우리가 믿는 거룩한 교리는 하나님에 대한 지식과 인간에 대한 지식의 두 부분으로 이루어져 있습니다. 그중 먼저 우리는 하나님이 어떤 분이신지에 대한 지식을 가지고 있어야 합니다.

우리가 믿는 하나님은 지혜와 선함과 의로우심과 자비와 진실과 풍성한 생명을 무한히 가지셨습니다. 그리고 이러한 덕목은 이 세상 어디에서 발견된다 하더라도 모두 하나님께로부터 나온 것입니다. 우리는 이것이 확실하다는 믿음을 가져야만 합니다.

세상의 모든 것은 다 그분의 영광을 위해서 창조되었습니다. 그렇기에 우리가 그분을 섬기고 그분의 규칙을 지키는 것은 당연한 일입니다. 그분은 우리의 섬김과 우리가 돌리는 영광을 받으시기에 완전히 합당한 분이십니다.

하나님은 의로운 재판장이셔서 그분을 따르지 않고 배반하고 그분을 떠난 자들을 심판하실 것입니다. 그럼에도 그분은 또한 자비로운 분이시기 때문에 그분에게로 피해서 도움을 청하는 모든 사람들을 받아주십니다. 어떤 사람이라도 그분께 은혜를 구하고 도움을 요청한다면 그분은 기꺼이 그를 도와주시고 구원하시기를 기뻐하십니다.

2. 인간을 아는 지식

우리는 또 우리 자신에 대한 지식을 가져야 합니다. 그 지식은 먼저 우리의 조상인 아담이 하나님의 형상으로 지음받았다는 사실로부터 시작합니다. 하나님의 형상이라는 의미는 하나님께서 아담을 창조하실 때 자신의 지식과 의와 거룩함을 닮은 존재로 창조하셨다는 뜻입니다.[1] 그러나 아담이 타락했을 때 하나님의 형상은 완전히 취소되고 지워졌습니다. 지식과 의와 거룩함과 그 밖의 온갖 선한 것들은 하나님 안에 거할 때만 유지될 수 있었기에 아담에게는 무지와 죄와 무능, 죽음, 그리고 심판 외에는 아무것도 남지 않았습니다. 그리고 이런 악덕들은 그의 자손인 우리에게도 전해졌습니다.

아담의 후손인 우리 모두는 무지하며 사악하고 부패한 상태로 태어납니다. 만일 우리가 겉으로 어떤 선한 일을 한다 하더라도 우리의 마음은 여전히 부패하고 왜곡되어 있으며, 하나님의 심판 아래 있습니다. 하나님은 우리의 외모로 우리를 평가하지 않으시고 마음을 감찰하십니다. 사람이 겉모양으로 경건의 모양을 가지고 있다 하더라도 내면이 부패했기에 그것은 위선일 뿐이며 하나님 보시기에 가증스러운 것입니다.

그럼에도 불구하고 우리는 하나님의 영광을 위해 그분의 말씀에 순종하고 그분께 영광을 돌리기 위해 애써야 합니다. 왜냐하면 우리는 하나님의 피조물이기 때문입니다. 선을 행하고자 하는 능력과 의지가 없는 것도 우리의 죄책의 결과이기 때문에 그것으로 하나님께 봉사하지 않는 것을 변명할 수도 없

---

[1] 에베소서 4:24

습니다. 그 죄책에 대해 하나님은 공의로 벌을 내리시기 때문에 우리는 자신이 저주받고 영원한 사망의 심판을 받기에 합당하다는 것을 인정해야 합니다. 우리가 받는 형벌은 하나님께서 이유 없이 우리를 벌하시는 것이 아니라 우리의 죄의 대가이기 때문에 하나님을 원망해서는 안됩니다.

3. 율법 : 하나님과 그분의 뜻에 대한 계시

이런 이유로 성경은 모든 인간을 '하나님의 진노의 자녀'라고 부릅니다. 의와 생명과 능력은 모두 하나님 안에만 있기 때문에 죄로 인해서 단절된 인간들 안에서는 그러한 것들을 전혀 찾아볼 수 없게 되었습니다. 인간 안에는 불행과 연약함, 사악함, 죽음, 그 외의 온갖 나쁜 것들, 한마디로 지옥만이 남았을 뿐입니다.

하나님은 인간 자신의 이런 상태를 그들에게 알리시기 위해서 모든 사람들의 마음에 율법을 새기셨는데 이는 인간들에게 먼저 양심으로 나타났습니다. 양심은 무엇이 선이며 무엇이 악인지를 우리 앞에 제시하며 선을 따르지 않고 악을 사랑하는 우리를 죄인이라고 고발하며 정죄합니다. 그러나 인간은 자기 사랑에 눈멀어서 자신이 얼마나 악한지를 제대로 알려고 하지 않고 자신의 비참함을 볼 수도, 고백할 수도 없습니다. 그래서 주님께서는 양심의 소리에 귀 기울이지 않는 우리에게 완벽한 의가 무엇인지를 보여주시고 반드시 지켜야 할 것이 무엇인지를 알리시기 위해서 기록된 율법을 주셨습니다.

그 율법이 가르치는 의는 하나님 안에서 우리의 눈으로 그분만을 바라보며 우리의 모든 생각과 정열과 행위와 말을 그분에게로만 향하는 것입니다. 율법은 우리에게 하나님의 뜻을 보여주며 우리는 거기에 순종해야 합니다. 그러나 우리에게는 그럴 수 있는 능력이 전혀 없습니다. 하나님은 창조주시며 우리의 주인이시고 아버지이시기에 우리는 그분께 영광과 존귀와 사랑을 드려야 합니다. 그러나 우리는 그렇게 할 수 없습니다. 우리의 행위로는 저주와 진노만을 불러일으킬 뿐입니다. 우리는 우리 스스로의 능력이 아닌 다른 구원의 길을 찾아야 합니다. 율법 안에서는 우리의 무능과 저주를 발견하고 철저히 절망해야 합니다.

바로 그 때 주님은 우리에게 빛을 비추십니다. 죄로 인해 절망하고 자신으로 인해 절망한 그 자리, 겸손하게 바닥까지 낮아진 그 자리에서 주님은 우리를 부르십니다. 겸손한 자에게 은혜를 베푸시는 주님[2]은 용서를 비는 우리들의 죄를 사해주시고 용서를 베푸십니다.

4. 율법과 그리스도

오직 그리스도를 통해서만 이 용서의 은혜를 받을 수 있습니다. 우리는 그분을 통해서만 거듭나고 마귀의 권세와 사슬에서 해방되며 하나님의 자녀로 입양되어 모든 선한 일을 위해 거룩하게 됩니다. 그리스도께서는 자신의 죽음의 공로로 하나님의 의에 대한 우리의 빚을 지불하시고 하나님의 진노를 무마시키셨습니다. 믿음을 통해 우리의 죄는 그리스도께 전가됩니다. 그리스도께서는 자기 몸으로 당연히 우리가 받아야 할 형벌을 대신 받으셔서 그 징벌로부터 우리를 해방하셨습니다. 또한 그리스도께서 땅에 내려오실 때는 구원을 위한 여러 가지 좋은 은사들을 가져 오셔서 하나님의 자녀들에게 베푸셨습니다. 그 은사들을 통해 우리는 부패한 우리 본성이 일으키는 모

---

2) 베드로전서 5:5

든 것에 대해서는 죽어가고 새로운 생명과 의를 위해 살아가게 됩니다.

하나님은 그리스도 안에서 이러한 은사들을 우리에게 주시는데, 만일 우리가 확실한 믿음으로 그 은사들을 붙잡고 우리의 것으로 받아들인다면 이는 우리의 것이 됩니다. 만일 우리가 그리스도와 연합한다면, 우리는 하늘의 모든 보화와 성령의 선물들을 가지게 될 것인데, 그 은사들은 우리의 생명을 살리고 우리를 구원으로 인도할 것입니다. 그리스도와 연합하는 것, 하늘의 보화를 얻어 생명이 되살아나는 것은 진실하고 살아있는 믿음으로만 가능합니다. 그러나 그리스도께서 베푸시는 은혜를 거부하는 자들은, 그들의 성품이나 그들이 어떤 일을 하느냐와는 상관없이 파멸과 혼란, 영원한 죽음의 심판 속에 던져질 것입니다. 이 생명을 주는 참된 믿음은 우리 스스로가 노력해서 가질 수 있는 것이 아니라 그리스도께서 자신을 우리에게 연합시키시고 그분 안에서 소유하게 하셔야 비로소 가질 수 있는 것입니다.

이제 이 율법의 정수인 십계명을 살펴봅시다. 십계명은 두 개의 돌판으로 되어 있는데 첫 돌판에는 하나님에 대한 의무가 네 개의 계명으로 주어졌고, 두 번째 돌판에는 이웃에 대한 의무가 여섯 개의 계명으로 주어졌습니다. 첫 돌판은 하나님을 유일하신 신으로 인정하고 고백하며, 사랑하고 영화롭게 하고, 두려워하고 우리의 필요를 그분께만 구하고, 그분의 도움을 얻어야 함을 가르치고 있습니다. 이어서 두 번째 돌판은 하나님 때문에 우리의 이웃을 사랑해야 함을 가르치고 있습니다.

첫 번째 계명은 하나님이 유일하신 신이시기에 우리가 마땅히 하나님께 두어야 할 모든 신뢰, 하나님의 것으로 인정해야 하는 선이나 덕을 다른 신에게 돌려서는 안된다고 명령합니다.

두 번째 계명은 모든 예배를 하나님께만 드려야 하며 하나님께서 원하시는 방법으로만 드려야 한다는 것입니다. 하나님을 눈에 보이는 어떤 형상으로 묘사하거나 창조주이신 그분을 우리가 보거나 듣거나 만질 수 있는 피조물의 수준으로 끌어내리려 해서는 안됩니다. 유대인들이나 이교도들은 피조물의 형상을 새겨서 이것을 하나님의 표시와 모양이라고 부르지만 선지자들은 이런 행위를 우상과 간음한 것과 같다고 정죄했습니다. 또한 로마교회에서는 형상을 무지한 자들을 가르치기 위한 책과 같다고 하지만 이는 하나님의 백성을 가르치는 방법이 아닙니다. 가르침은 형상을 만들어 보여줄 때가 아니라 바른 교리가 전해질 때 일어납니다.

세 번째 계명은 하나님은 우리가 너무나 사랑하고 두려워해야 할 분이시기 때문에 우리는 어떠한 경우에도 지극히 거룩한 그분의 이름, 또한 그분과 관련된 어떤 것들도 욕되게 해서는 안된다는 명령입니다.

네 번째 계명은 우리가 하나님을 경외하고 사랑해야 하기 때문에 그분 안에서만 우리의 안식을 찾아야 한다는 것입니다. 일요일을 주일이라고 부르지만 이는 편의를 위해서 일주일의 하루를 정한 것이지 그날 자체가 거룩한 것이 아닙니다. 우리는 매일이 주일이며 모든 시간이 주님의 것임을 인정해야 합니다. 또한 나 혼자만 안식일을 누려서는 안되고 우리를 위해서 봉사하는 사람들, 심지어는 가축들까지도 안식을 누리도록 해야 합니다. 이 계명은 하나님 앞에서 모든 사람이 평등하다는 사실을 깨우쳐 줍니다.

다섯 번째 계명은 우리의 부모님을 무시하거나 노엽게 해서는 안되며 존경하고 명예롭게 하며 그들에게 순종해야 함을 명령합니다.

여섯 번째 계명은 다른 사람에게 해를 끼치지 말 것을 명령합니다. 해를 끼치는 것이 아니라 오히려 원수를 포함한 모든 사람에게 친절히 대해야 합니다. 그들이 생명의 위험에 처했는데도 모른척 한다면 이는 여섯 번째 계명을 어기는 것입니다.

일곱 번째 계명은 우리의 모든 행위를 순결하고 자제심 있게 하라는 명령입니다. 하나님은 오직 그분의 부르심 안에서 정결하게 행하는 자들만을 도와주십니다.

여덟 번째 계명은 다른 사람의 소유를 사기나 완력으로 갈취해서는 안된다고 명령합니다. 언제나 합법적인 방법으로만 돈을 벌어야 합니다. 또한 우리가 가진 소유물로 남들의 가난을 덜어주기 위해서 애써야 합니다.

아홉 번째 계명은 거짓된 비난을 하지 말라는 명령입니다. 거짓말이나 그럴듯한 아첨이나 무익한 잡담 역시 피해야 합니다. 우리는 우리의 말로 우리 이웃의 명예를 지켜야 합니다.

열 번째 계명은 탐심을 금하고 하나님께서 주신 소유로 만족하라는 명령입니다. 각 사람마다 자기가 받은 소명을 따라 주어진 과업을 완수하며 그 직분과 관계된 것들을 다른 사람을 위해 사용하는 것이 열 번째 계명을 지키는 방법입니다.

십계명의 처음 네 계명은 하나님을 향한 경건이 어떤 것인지를 말해주고 있으며 다음 여섯 계명은 오직 이웃을 사랑해야 하며 자기 자신을 사랑하지 말 것을 명령하고 있습니다. 율법은 어디에서도 자기 자신의 이익을 어떻게 얻어야 할지에 대해서 말하지 않습니다. 우리는 이미 스스로를 충분하고도 넘치도록 사랑하고 있기 때문에 이 과도한 사랑에 무언가를 더해서는 안됩니다. 우리는 자신을 사랑함으로가 아니라 하나님과 이웃을 사랑함으로 율법을 지킬 수 있습니다.

또한 계명은 겉으로 드러나는 행위만으로 지키는 것이 아니라 생각과 감정들, 또 말로도 하나님의 법을 지켜야 합니다. 하나님은 마음을 감찰하시기 때문에 행동으로 나타나지 않은 우리의 탐욕과 경건하지 않은 마음도 모두 하나님 앞에 죄입니다. 그리스도께서는 율법을 어기는 행위만큼이나 율법을 어기는 마음 또한 책망하십니다. 그분께서는 새로운 율법을 주신 것이 아니라 행위로만 율법을 지키면 된다며 율법을 더럽힌 바리새인들을 정죄하셨고 이를 바로잡아 새롭게 하셨습니다.

5. 칭의

하나님을 대적하는 자들은 율법을 명령으로 여기지 않고 이를 지켜도 되고 지키지 않아도 되는 자유로운 권고사항으로 바꿔버렸습니다. 그리고 수도사들은 이 '권고사항'들을 스스로 지키겠다고 서약함으로서 그렇지 않은 일반적인 다른 사람들보다 '더 의로운 사람들'이 되었다고 주장합니다. 그렇게 해서 그들은 감히 하나님의 영원한 명령을 폐지해 버렸습니다. 그들은 율법을 지키는 것이 너무나 무겁기 때문에 불가능한 짐일 뿐이라고 말하고 이를 벗어던짐으로서 사탄의 자녀인 자신들의 본성을 드러냈습니다.

물론 죄인인 우리의 본성을 생각할 때 율법을 지키는 것은 몹시 어려운 일입니다. 그러나 은혜를 받아 그리스도인이 된다는 것은 율법을 벗어버리는 것이 아니라 그리스도에게 접붙혀져 율법의 저주에서 해방되어 그리스도의 영에 의해 율법이 우리 마음에 새겨지는 것입니다. 율법을 지키지 않으면 저주 아래 있게 됩니다. 이것은 죄인인 우리 모두에게 적용되는 말씀입니다. 어떤 자들은 우리가 율법을 부분적으로 지킬 수 있고 그것이 우리의 공로가 될 수 있다고 주장합니다. 그리고 구원을 얻기 위해 필요한 나머지 의로움은 보속(지은 죄에 대한 대가를 어떤 행위로 치루는 것)과 공덕(성인들이나 천국에 간 성도들이 연옥이나 현세의 성도들을 위해 기도하고 자신들의 공로를 나누어 주는 것)으로 채울 수 있다고 주장합니다. 성경은 그들에 대해서 이렇게 표현합니다. "거짓되고 심히 부패하며 어려서부터 악하고 모든 생각이 허무하며 제 길로 가고 하나님을 찾는 자가 없고 하나님을 두려워하는 자도 없다."[3]

---

3) 시편 53:1

모든 사람의 모든 행위는 부패한 상태입니다. 순수하고 의로운 어떤 행위를 한다 해도 단 하나의 죄가 모든 의를 소멸하기에 충분하며 온 율법을 다 지키다가 하나를 범하면 모든 율법을 범한 것입니다.[4] 하나님의 명령을 지킬 수 있는 능력이 우리에게서는 완전히 사라졌습니다. 만일 우리가 어떤 선을 행한다면 이는 다 하나님의 명령을 지킨 것에 불과하지 인간의 공로라고 할 수 있는 것은 하나도 없습니다.

율법 아래에서 온 세상은 하나님의 진노하심 아래 있습니다. 율법은 우리가 죄인이라는 것을 알려줍니다. 그 진노에서 벗어나 자유를 얻어야 하는데 이 자유는 바로 영혼의 자유입니다. 그리고 이 자유는 오직 믿음으로만 주어집니다. 왜냐하면 우리가 육체로 행하는 것으로는 하나님의 율법을 지킬 수 없기 때문입니다. 우리는 육체의 행위로 구원을 받는 것이 아니라 그 구원을 약속하신 하나님의 자비하심을 믿고 의지함으로 받습니다. 우리는 율법을 지킬 능력이 없는 우리 자신에 대해 깊은 불신을 가져야만 하나님을 신뢰할 수 있습니다. 우리가 무언가를 행함으로서 구원받을 수 있다고 생각하는 것은 우리 스스로를 믿는 것이며 이는 하나님에 대한 불신입니다. 우리가

---

4) 야고보서 2:10

행하는 약간의 선한 행위가 우리를 하나님께서 보시기에 합당한 존재로 만들 수는 없습니다.

그렇다면 하나님께서 우리에게 율법을 주신 이유는 무엇일까요? 성경은 율법이 다음의 세 가지 용도를 가지고 있다고 가르칩니다. 첫째, 율법을 통해 우리는 우리를 향하신 하나님의 뜻과 명령이 무엇인지를 배워 우리의 죄를 깨닫게 됩니다. 둘째, 율법은 죄악에 따를 형벌과 사망과 심판을 선언함으로서 범법자들에게 미리 경종을 울려 그들이 최대한으로 죄를 짓는 존재가 되어버리는 것을 방지합니다. 셋째, 율법은 신자들에게 무엇이 옳으며 무엇이 하나님께서 기뻐하시는 행위인가를 가르쳐서 하나님의 일을 하게 만듭니다. 그렇기 때문에 부르심을 받은 자들, 하나님의 자비하심으로 구원을 받은 자들은 율법에 순종해야 할 큰 의무를 지게 됩니다. 이는 율법을 지킴으로 구원을 받는 것이 아니라, 거꾸로 구원 받은 자들이 율법의 의무를 지게 된다는 의미입니다.

그리스도께서 닦아 놓으신 우리 구원의 기초는 우리에게 구원을 얻기 위해 필요한 공로를 쌓을 기회를 주셨다는 것이 아니라, 하나님께서 영원 전부터 그리스도 안에서 우리를 택하셨다는 것입니다. 우리는 그분을 통해 구속되었으며, 그에게 접붙여진 우리는 이미 영생에 참여한 자들입니다.

그리스도께서는 자기를 부인하고 자기 십자가를 지고 그분을 따르는 제자들을 원하십니다. 우리는 그분의 본을 따라야 합니다. 그분이 하나님의 명령에 순종하셨기에 우리도 순종해야 하며 그분의 고난에 우리도 참여해야 합니다. 자기를 부인하는 자들은 더 이상 이 세상에서 자신의 욕망을 추구하지 않습니다. 이것은 구원받은 자들의 열매이며 우리는 열매로 판단받게 될 것입니다. 어떤 자들은 행위로 구원받는 것을 부인하는 우리가 선한 행위를 하지 않을 뿐 아니라 금지한다고 비난하지만 우리는 선행을 부인하지 않습니다. 다만 모든 선행은 하나님께로부터 온 것이라고 주장합니다. 인간의 노력으로 스스로 행하는 모든 것은 저주받은 것이고 우리에게 아무런 가치가 없지만 하나님은 우리에게 은혜를 베푸셔서 선한 일을 하게 하십니다. 그것이 은혜로 받은 것이기에 우리는 겸손하고, 하나님을 기쁘시게 하는 일이기에 선한 일을 합니다.

하나님께서 우리에게 베푸시는 죄사함의 은혜의 가치는 우리의 어떤 행위로도 그 값을 치를 수 없이 큰 것입니다. 그것은 그리스도의 거룩한 피를 대가로 지불해서 우리에게 주어졌습니다. 우리의 죄와 더러움이 너무나도 큰 것이어서 이 보혈이 아니고는 썻을 수 없습니다. 우리가 할 수 있는 초라한 행위로는 하나님의 진노를 달랠 수 없습니다. 사도들의 모든 글들은 하나님의 사람을 온전케 하기 위한 권면, 책망, 위로, 독려들로 가득하지만 공로를 세워서 하나님을 만족시키라는 가르침은 거기 없습니다. 하나님을 영화롭게 하는 것은 우리의 행위와 존재하지 않는 선함이 아닌 그분이 베푸신 은혜에 대한 감사와 기쁨으로 해야 합니다. 공로를 쌓기 위해 억지로 노예처럼 율법을 지키는 선행은 하나님께서 기뻐하지 않으십니다. 인간의 행위에 공로를 돌리는 것은 성경 전체를 왜곡하고 변질시키는 것입니다.

제2장

믿음: 사도신경

Institutio Christianae Religionis

1. 믿음

율법을 다 지키지 않으면 저주를 받습니다. 하나님은 율법을 통해 우리가 해야 할 일을 알려 주셨고 이를 지키지 않는 자들은 저주를 받는다고 가르쳐 주셨습니다. 그런데 율법을 다 지키는 것은 불가능한 일입니다. 우리를 구원하는 것은 율법을 지키는 우리의 행위가 아니라 주님의 자비이며 이는 믿음을 통해 맛볼 수 있습니다. 그렇기 때문에 우리가 주님의 자비를 받기 원한다면 이 믿음이 무엇인지에 대해서 알아야 합니다.

믿음에는 두 가지가 있습니다. 먼저 그리스도에 대한 기록

이 역사적인 사실이라고 믿는 것입니다. 이를 역사적 믿음이라고 합니다. 학자들은 수많은 논쟁과 추적을 통해 예수님이 실제로 살아계셨고 어떤 삶을 사셨는지를 밝혀냈습니다. 많은 사람들이 이를 역사적 사실로 받아들입니다. 그들은 만일 하나님께서 계신다면 예수 그리스도에 대한 역사적인 기록도 진실일 거라 믿습니다. 그러나 이런 역사적 믿음으로는 구원을 받을 수 없습니다. 이와 달리 참된 믿음은 그리스도에 대한 기록이 역사적 사실임을 믿는 것이 아니라, 그분을 우리의 구주로 인정하고 신뢰하는 것입니다. 하나님의 말씀이 가르치는 것은 그리스도를 우리의 구주로 인정하고 신뢰하라는 것이며 그렇게 하는 자들을 구원하신다는 약속입니다. 믿음은 바로 이 하나님의 약속의 말씀을 믿는 것입니다. 우리는 흔히 믿음을 통해서 구원의 실체에 접근할 수 있다고 생각합니다. 그러나 사실 믿음은 실체에 도달하는 길이나 도구가 아니라 믿음 자체가 실체이고 실상입니다. 믿음이 무언가를 우리에게 보여주는 것이 아니라 믿음 그 자체가 본질이고 실체이며 증거입니다. 이런 믿음을 가진 사람만이 하나님을 기쁘시게 할 수 있습니다.[5] 이런 믿음은 하나님의 은혜가 아니고는 시작될 수도 없고 지속될 수

---

5) 히브리서 11:1, 6

도 없습니다. 하나님은 오직 이 믿음을 통해서만 우리에게 선한 행위를 허락하십니다. 또한 우리의 희망과 신뢰는 오직 하나님만을 향해야 합니다. 우리가 무언가 다른 것을 신뢰하고 다른 것에 희망을 건다면 이는 다른 신을 섬기는 것입니다. 그러나 다른 신은 없습니다. 그렇기 때문에 우리의 희망과 신뢰가 다른 것을 향한다면 이는 그저 허무하고 무의미한 것일 뿐입니다. 십계명의 첫 돌판이 우리에게 가르치는 것이 바로 이 것입니다.

하나님은 삼위일체 하나님이십니다. 성경은 우리가 성부와 성자와 성령의 이름으로 세례를 받을 것을 말씀하셔서[6] 세 분이 한 하나님이심을 가르칩니다. 또한 이 세 분 사이에 구분이 있음을 우리에게 알려줍니다. 성부와 성자는 구분되고, 성부, 성자와 성령 사이에도 구분이 있습니다. 이 세 위격이 한 본질을 가지고 계십니다. 어떤 사람들은 성부와 성자가 완전히 같지 않은 비슷한 본질을 가졌다고 주장하고, 또 어떤 사람들은 성부와 성자와 성령이 서로 구분되는 세 위격이 아닌 단 하나의 하나님이시라고 주장합니다. 하지만 성경은 삼위 하나님

---

[6] 마태복음 28:19

께서 완전히 같은 동일한 본질을 가지고 계시는 세 위격이라고 가르칩니다. 어떤 사람들은 한 하나님께서 어떤 때는 성부로, 어떤 때는 성자로, 어떤 때는 성령이라 불리는 것이라고 주장하기도 합니다. 그러나 성부도 하나님이시고 성자도 하나님이시며 성령도 하나님이십니다. 세 위격이 한 하나님이십니다. 한 본질 안에 세 위격이 계십니다. 고대의 교부들은 여기에 일치된 의견을 가지고 있습니다. 어떤 사람들은 본질이니 위격이니 하는 단어들이 성경에 들어있지 않기 때문에 삼위일체 자체가 인간들이 만들어 낸 비성경적인 개념이라 주장히자만, 성경은 그런 단어들을 사용하지만 않을 뿐, 하나님께서 그렇게 존재하고 계심을 정확하게 표현하고 있습니다. 만일 성경에 등장하지 않는 단어를 사용하는 모든 것이 비성경적이라 주장한다면 우리의 믿음이나 의에 대해서 정확하게 표현하는 것은 불가능합니다. 하나님은 우리에게 이성을 주셨고 표현할 수 있는 말과 언어를 주셨기 때문에 우리는 이를 적극적으로 사용해서 성경의 진리를 표현하기 위해 노력해야 합니다.

아리우스는 그리스도가 하나님이시요, 하나님의 아들이라고 고백하는 척 했지만, 실은 그리스도도 하나님께서 창조하신 창조물이라고 가르쳤습니다. 이에 반박해 믿음의 선배들은 하나님과 그리스도가 동일본질이라 가르쳤습니다. 아리우스를 따르는 자들은 이 동일본질이라는 말을 저주하며 유사본질이라는 말을 쓰는데 주저함이 없었습니다. 그 다음에는 사벨리우스가 나타나서 하나님을 성부와 성자와 성령이라고 부르기는 하지만, 실은 성부와 성자 사이에, 성부, 성자와 성령 사이에 아무런 차이가 없는 같은 본질을 가진 한 존재이며 이 단어들은 그저 한 본질의 여러 속성들을 보여줄 뿐이라고 주장했습니다. 믿음의 선배들은 이를 반박해 하나님 안에는 본질은 하나이지만 서로 구분되는 세 위격이 있음을 분명히 했습니다. 아버지와 아들은 구분되고, 아버지와 아들과 성령님도 구분되는 서로 다른 위격을 가지고 계십니다. 우리가 하나님께서 한 분이시라고 고백할 때는 그 본질이 하나라는 고백이며, 셋이라 할 때는 구별되는 세 위격이 계심을 고백하는 것입니다. 세 위격은 각각의 위격이 구분될 뿐만 아니라 서로 다른 일을 하십니다. 성부는 만물의 원천이며 기초이시고, 성자 예수님은 모든 것의 활동과 계획이시며, 성령께서는 활동을 위한 능력과 이를 효과적으로 행하시는 분이십니다. 사도신경은 이 삼위일체 하나님을 우리에게 잘 가르쳐 줍니다.

2. 사도신경

첫 번째 부분 : '전능하사 천지를 만드신 하나님 아버지를 내가 믿사오며', 성부 하나님에 대한 고백

우리는 우리의 모든 선하고 좋은 것은 하나님께로부터 온다는 것을 믿음으로 압니다. 죄는 여기서 제외되는데, 죄는 하나님께로부터 오지 않고 우리의 악함에서 옵니다. 성부 하나님은 모든 것을 만드시고 이를 보존하시며 통치하십니다. 그분이 붙들지 않으시면 모든 만물은 한 순간에 무로 돌아가게 됩니다. 하나님의 창조는 단지 태초에 육 일 간만 일어나고 끝나버린 사건이 아니라 지금도 하나님의 통치와 보존으로 이어지고 있습니다. 이를 하나님의 섭리라 부릅니다. 하나님께서 우리에게 베푸시는 이 모든 것들은 비록 그 가운데 역경이나 고난이 있다 하더라도 결국은 우리를 행복으로 이끕니다. 우리에게 어떤 선함이나 가치가 있어서가 아니라 전적으로 하나님께서 우리에게 은혜와 자비를 베푸시기 때문입니다. 우리는 이를 인정하고 역경과 고난까지도 감사함으로 받아들이며 선하신 하나님께 감사하고 찬양을 돌리며 감사와 경건과 타오르는 사랑으로 그를 존경하며 섬겨야 합니다.

두 번째 부분 : '그 외아들 우리 주 ~ 심판하러 오시리라', 성자 예수님에 대한 고백

그리스도는 하나님의 외아들로, 창조 때에 하나님과 함께 만물을 창조하셨으며 우리를 위한 중보자로 오셨습니다. 그분은 참된 하나님이시자 참된 사람이십니다. 그분은 성자로서 태초에 세상을 창조하실 때 성부 하나님과 함께 창조에 참여하셨고 성부와 함께 의논하셔서 인간을 창조하셨습니다. '우리가 우리의 형상대로 사람을 만들자'[7]고 말씀하셨을 때 이는 성부 하나님께서 혼잣말을 하신 것이 아니라 삼위 하나님께서 함께 의논하셨음을 우리에게 가르쳐 주십니다.

그리스도께서는 하나님의 율법에 완전히 순종하셨고 인간의 죄값을 완전히 치르셨습니다. 그분은 참된 하나님이시기 때문에 그분의 죽으심은 율법을 주신 하나님의 신적인 공의를 완전히 만족시킬 수 있었습니다. 또한 그분은 완전한 인간이시기 때문에 죄를 지은 인간을 대표해서 십자가를 지심으로 그 죄값을 치르실 수 있었습니다. 그분은 참된 인간이시기 때문에 인간인 우리의 연약함과 부족함을 잘 알고 계시며 우리 옆에 계시면서 우리를 위해 성부 하나님께 기도하시며 중보자 역할을

---

[7] 창세기 1:26

해주십니다. 그분은 인간으로 오셔서 죽기까지 낮아지셨습니다. 그분은 낮아질 수 없는 분이신데 그렇게 낮아지신 것은 우리를 구원하시기 위한 은혜를 베푸신 것입니다. 그분의 낮아지심과 죽음으로 우리는 구원을 받았습니다. 아담의 불순종으로 잃어버려졌던 우리는 그분의 순종으로 되찾음을 받았습니다. 그래서 그분의 인성이나 신성 가운데 어느 하나를 부인하는 자는 그리스도의 구원과 하나님의 자비와 은혜 전체를 부인하고 거부하는 것입니다. 성경은 신성과 인성이 그분 안에 완전히 존재하며 이 두 속성이 서로 교류하고 있음을 우리에게 가르칩니다. 예수님이 스스로에 대해서 '아브라함이 나기 전부터 내가 있었다'[8]고 말씀하셨을 때는 그분의 완전한 신성을 말씀하신 것이었습니다. 또한 그분의 '지혜와 키가 자랐다'[9]는 표현은 그분의 인성을 이야기하는 것이었습니다. 한편으로는 그분께서 죽은 자를 살리시고 병든 자를 고치시며 죄를 사하는 권세를 가진 것은 그분의 신성과 인성이 완전히 교류하고 있었음을 우리에게 보여줍니다. 왜냐하면 이런 권세와 능력은 그가 육체를 입은 참된 인간으로 나타나셨을 때 그분께 주어진 것이었기 때문입니다. 육체로는 인간의 몸을 입고 완전한 인간이 되셨지

---

8) 요한복음 8:58
9) 누가복음 2:52

만, 하시는 일은 완전한 하나님의 일을 인간의 육체를 입은 채 하시는 것으로 그분의 신성과 인성이 따로 떨어져 분리된 것이 아니라 하나로 완전히 교류하고 있음을 알 수 있습니다. 그리스도께서는 참 하나님이시자 참 인간이십니다. 그분의 인성과 신성은 완전히 구분되지만 결코 나눌 수 없습니다.

그리스도의 죽음으로 우리의 죄가 사함을 받고 사탄과 죽음과 죄로부터 놓임을 받게 되었습니다. 그분께서는 자신을 희생제물로 하나님께 드려 하나님의 진노를 대신 받으셨고, 하나님과 인간 사이에서 대제사장이 되어 중보하셨습니다. 십자가에 달려 인간의 죄를 지셨을 그때, 그리스도께서는 성부 하나님으로부터 완전히 버림받았으며 그분과의 완전한 단절을 경험하셨습니다. 그렇기에 그토록 고통스럽게 '나의 하나님, 나의 하나님, 어찌하여 나를 버리셨나이까'[10]라고 외치실 수밖에 없었습니다. 그리고 그 이후에는 지옥에까지 내려가셨습니다(역자 주: 사도신경의 원문에는 '십자가에 달려 죽으시고'와 '장사한지 사흘 만에' 사이에 '지옥에 내려가시고'라는 구절이 들어가 있다). 어떤 사람들은 이 고백을 그리스도께서 지옥에 가셔서 지옥의 문을 열어 그곳에 갇혀있는 구약

---

10) 마가복음 15:34

시대의 조상들에게도 구원을 베푸셨다고 해석합니다. 그러나 그것은 그저 그 사람들이 꾸며낸 이야기일 뿐입니다. 베드로가 그리스도의 지옥강하에 대해서 이야기할 때[11] 그것은 그저 구약의 백성들이 구원 받은 것도 역시 그리스도의 십자가 속죄의 결과였음을 말하는 것일 뿐입니다. 그리스도가 이 땅에 태어나기 이전의 사람들도 그리스도에 대한 약속을 믿고, 그 약속이 나타나기를 기다렸을 때. 그들에게도 그분의 능력이 나타나 구원이 임했습니다. 버려진 자들은 그것을 너무 늦게 지옥에서 알게 되었기 때문에 구원에 이르지 못합니다. 베드로가 이 모두를 구분 없이 감옥에 있었다고 표현하는 것은 구약시대 조상들이 비록 약속을 받았지만 이는 가려지고 희미해서 완전히 보여지지 않는 상태에서 간절히 기다렸기 때문입니다. 택함받지 못한 자들에게 그리스도 없는 죽음이 감옥이었던 것처럼, 택함 받은 자들에게는 이런 간절한 기다림이 감옥처럼 여겨졌다고 비유로 이야기한 것입니다. 비록 감옥과 같은 기다림이었지만 그들은 그리스도 안에서 맞을 복된 부활의 날을 기다리며 그 기다림 안에서 특별한 위로와 안식을 얻을 것입니다.

---

[11] 베드로전서 3:19

우리는 또 그리스도께서 죽음에서 부활하셔서 하나님 아버지 우편에서 모든 주권을 가지시고 다스리시는 데까지 높아지셨음을 믿습니다. 그분의 부활한 육체는 우리가 부활한 후 영화된 상태가 어떤 것일지를 미리 보여줍니다. 그분의 승천은 우리가 이미 그분 안에서 천국을 받았으며 천상에 우리의 자리를 얻었음을 보여줍니다. 그분은 성부 하나님의 우편에서 모든 나라와 만물을 다스리는 왕과 심판자이십니다. 또한 그분이 거기 계시는 것은 우리에게 무엇과도 비교할 수 없는 큰 유익입니다. 왜냐하면 그분이 거기서 하시는 일이 바로 우리를 위해 성부께 빌으시고, 우리에게 은혜 베푸시기를 요청하시고, 하나님과 우리 사이에 중보자가 되어주시기 때문입니다. 또한 그분은 하늘에 올라가시면서 세상 끝날까지 우리와 함께 하시겠다는 분명한 약속을 주셨습니다.[12]

그리고 우리는 그리스도께서 반드시 다시 오실 것을 믿습니다. 모든 살아 있는 자들과 이미 죽은 자들이 그분 앞에 불려나가 심판을 받을 것입니다. 그분은 우리가 행한 것들을 심판하실 것이고, 우리의 신실함이나 신실하지 않음이 그분 앞에 분명히 드러날 것이며, 그대로 그분께서 우리에게 갚아주실 것입

---

[12] 마태복음 28:20

니다.

이와 같이 우리 구원을 위한 전체가 그리스도 안에 집약되어 있습니다. 우리 구원의 가장 작은 부분이라 할지라도 그리스도 안에 있지 않은 것은 하나도 없습니다. 우리는 오직 그리스도께만 우리의 소망을 두고 기대를 걸고 그분에 대한 믿음으로 그분의 말씀을 따라야 합니다.

세 번째 부분 : '성령을 믿사오며', 성령님에 대한 고백

성령님은 성부, 성자 하나님과 동일한 본질을 가지고 계십니다. 그렇기에 성령님을 믿는다는 고백은 전능하사 천지를 만드신 하나님을 믿는다는 고백을 반복하는 것입니다. 삼위일체는 하나님의 신비이기 때문에 탐구의 대상이 아니라 경외와 찬양의 대상입니다. 그리스도께서 구원에 이르는 유일한 길이시듯 오직 성령님을 통해서만 하나님의 은혜를 받을 수 있습니다. 우리의 길을 인도하시는데 성령 하나님 외에 다른 인도자는 없습니다. 성령님은 우리의 죄를 씻기시고 그리스도께 가까이 가게 하셔서 구원을 얻게 하십니다. 그리스도의 부요하심이 어떤 것인지를 알려주시고 그것을 우리가 소유하고 있음을 알게 하십니다. 또 우리 마음 가운데 이웃 사랑이 불붙듯 일게 하십니다. 우리 스스로는 자기만을 사랑할 수밖에 없고 오직 성

령님의 은혜로만 이웃을 사랑할 수 있습니다. 만일 우리 마음과 삶 속에 어떤 선한 것, 선한 열매가 있다면 그것은 전적으로 성령님의 은혜의 결과이지 우리의 것이 아닙니다. 성령님께서는 이 모든 것을 우리에게 은혜로 거저 주십니다. 이 모든 것들 가운데 우리들의 공로로 돌릴 수 있는 것은 아무것도 없습니다.

네 번째 부분 : '거룩한 공회와 ~ 아멘', 교회에 대한 고백

우리는 선택받은 자들의 전체 수로 구성된, 보편적이고 우주적이며 유일한 '공교회'를 믿습니다. 그 선택받은 자들의 수는 우리가 알 수 없는데, 왜냐하면 때로는 택함받지 않은 자들에게도 하나님의 능력이 나타나 마치 그들이 공교회에 속한 신자처럼 보일 때도 있고, 또 아직 태어나지 않은 택자들도 있기 때문입니다. 그리스도께서는 이 우주적 교회의 머리가 되시며 우리는 그분의 몸이고 지체입니다. 교회는 한 믿음, 한 소망, 한 사랑 안에서 하나입니다.

하나님이 택한 자들을 구원하시는 방법은 바울의 말과 같습니다. 하나님은 자신의 백성들을 먼저 부르시고 그들에게 자신을 나타내 보여주셔서 그들이 하나님을 자신의 하나님과 아버지로 인정하게 하십니다. 또 그들에게 그리스도의 의의 옷을

입혀 그들의 불완전을 덮으시고 그들을 완전히 의로운 존재로 여겨 주십니다. 그리고 마침내는 그들을 영화롭게 하십니다.[13] 이 모든 일들을 통해 하나님은 자신의 백성을 이끄시고 자신의 영광을 나타내십니다.

교회는 하나님의 백성이기 때문에 그 일원이 된 사람들은 결코 소멸하거나 나쁜 결과를 맺을 수 없습니다. 하나님의 은사와 부르심에는 후회하심이 없기 때문입니다.[14] 우리에게 하나님의 아들을 믿는 믿음이 있다면 그것으로 충분하고 더 이상의 다른 증거가 필요하지 않습니다. 우리는 하나님과 그분의 지혜를 다 이해할 수도 없고 선택과 버려짐이 누구에게 나타났는지 알 수 있는 능력도 없습니다. 그저 스스로가 하나님의 자녀가 되는 것으로 만족하면 됩니다. 또 우리 주변에 있을 선택받았으나 아직 그것이 드러나지 않았을 자들을 위해 복음을 선포하면 됩니다. 그저 우리는 그리스도 안에서 성부 하나님의 우리를 향하신 선하심과 우리에게 주실 생명과 구원, 즉 하늘나라 그 자체를 가질 수 있기 때문에 하나님 한분으로 충분하고 만족할 수 있습니다. 그리스도 한분만 우리의 것이라면 우

---

13) 로마서 8:30
14) 로마서 11:29

리의 구원과 선을 위해서 더 이상 우리에게 필요한 것은 전혀 없습니다. 이는 선포되는 말씀을 받아들이고 이에 만족하는 자들에게만 유효하고, 하나님은 그런 자들을 자신의 자녀로 삼아 주십니다. 말씀 사역자들에 의해서 선포되는 하나님의 복음의 말씀을 받아들이지 않는 자들은 이미 그것으로 심판을 받은 것입니다. 하나님은 이 모든 은혜를 베푸신다는 증거로 하나님의 말씀 이외에 다른 것들을 아무것도 주시지 않았기 때문입니다. 말씀에서 증거를 얻지 못하는 자들은 다른 무엇에서 아무리 찾고 찾아도 그 증거를 얻을 수 없습니다.

또 도덕적으로 완벽하지 못하더라도 믿음으로 세례를 받고 성찬에 참여하는 자들은 교회의 일원이라 볼 수 있습니다. 자신들의 죄악을 열렬히 사랑하거나 자랑하지 않으며 이를 부끄러워하며 회개할 것으로 여긴다면 그렇게 여겨도 좋을 것입니다. 하나님은 마침내는 그들의 죄악을 완전히 떨쳐내고 영원한 복락을 받는 곳으로 인도하실 것입니다.

그러나 죄악이 현저히 드러난 자들, 우리와 같은 신앙의 고백을 가지지 않거나, 입술로는 이를 고백하지만 행위로는 하나님과 믿음에 대한 고백을 부인하는 자들은 성례에 참예하는 것을 금지시키고 교회의 일원이 아닌 것으로 여기는데, 그것은 그들을 영원한 불구덩이에 처넣기 위해서가 아니라, 그들이 자신의 죄를 깨닫고 부끄러워하며 회개하도록 이끌기 위해서입니다. 그러므로 이렇게 권징을 받은 자들을 당분간은 교회에서 분리시키되 완전히 버려진 자인 것처럼 포기해서는 안됩니다. 이 모든 것은 그들을 사랑해서 하나님의 사랑을 알리기 위해서 행해져야 합니다. 또한 출교는 교회를 거룩하게 유지하기 위해서 행해져야 합니다. 말하자면 권징과 출교를 시행하는 이유는 먼저 그리스도의 이름으로 한다는 악행으로 하나님의 영광을 가리지 않기 위해, 두 번째는 타락한 자들의 행위가 선한 자들에게 전염되는 것을 막기 위해, 세 번째는 타락한 자들이 부끄러움을 느껴 회개하도록 이끌기 위해서입니다. 만약 징계가 그 받는 자들을 완전히 쫓아내고 소망을 없애는 것이라면 이는 성경을 앞지르는 잘못입니다. 구원의 희망 밖으로 버려지는 것이 아니라 자신의 잘못된 행위를 뉘우치고 올바른 길로 돌아올 때까지 한시적인 벌을 받으며 교회는 이를 기다리는 것이 권징입니다. 이를 위해서 권징을 받은 자들을 위로와 가르침과 자비, 부드러운 태도와 그들을 위한 기도로 돌봐야 합니다.

그러므로 바른 말씀이 전파되어 경청되고 성례가 바르게 시행되는 곳에 하나님의 참된 교회가 존재합니다. 물론 이를 위해서는 바른 권징의 시행이 필수적입니다. 두 세 사람이라도 그리스도께서 함께 하시겠다고 하신 약속은[15] 결코 실패할 수 없습니다.

우리는 '성도가 서로 교통하는 것'을 믿습니다. 공적이고 우주적인 교회 안에 속한 모든 성도들은 교회 안에서 서로 교제하며 하나님이 베푸시는 모든 좋은 것에 동참하게 됩니다. 또한 성도들의 교제는 영적으로만 이루어지지 않고 육적으로도 이루어져야 합니다. 그들은 모든 좋은 것들을 서로 나누고, 공평과 필요와 사랑의 원칙에 따라 서로를 돌아보아 약한 자들의 필요를 채우고, 하나님이 베푸시는 은사를 사용해 서로 돌보아야 합니다. 이를 통해 우리는 '거룩한 공회'를 믿는다는 고백을 실천하게 됩니다. 또 이를 통해 우리가 믿는 교회가 어떤 것인지가 드러나게 됩니다.

우리는 '죄를 사하여 주심'을 믿습니다. 교회는 이 죄 사함을 받은 성도들로 구성되기에 죄사함이 교회의 기초이며 이를 통해 교회가 유지됩니다. 신자들은 죄를 혐오하고 죄와 거기서 나오는 모든 것을 죽이는 자들입니다. 신자의 삶은 계속되는 회개의 삶입니다.

---

15) 마태복음 18:20

우리는 '몸이 다시 사는 것과 영원히 사는 것'을 믿습니다. 우리의 죽음과 시간의 긴 흐름도 하나님께서 우리 몸을 다시 살리시는 것을 막지 못합니다. 그 부활은 모든 사람들의 육체에 다시는 죽거나 썩지 않는 본질을 줄 것이며, 경건한 자들은 영원한 생명으로, 버려진 자들은 죽음과 같은 정죄로 보내지게 될 것입니다. 경건한 자들은 하나님께서 베푸시는 영원한 복락 안으로 들어가게 될 것입니다. 우리는 거기에서 영원히 하나님을 섬기고 높이며 완전한 기쁨과 행복과 빛 안에서 거하게 될 것입니다.

3. 믿음, 소망, 사랑

교회는 이 믿음, 소망, 사랑 위에 세워집니다. 믿음은 신실하신 하나님이 우리 아버지이심을 믿는 것이고 소망은 그 신실하신 하나님께서 우리에게 항상 신실히 행해 주실 것을 바라고 확신하는 것입니다. 그리고 그 열매는 사랑입니다. 믿음과 소망과 사랑은 성령의 은사이며 하나님의 자비가 아니고는 시작할 수도 유지할 수도 없는 것입니다. 이 모두를 하나님께 구해야지 우리 안에서 찾으려 하면 안됩니다.

제3장

기도 ∷ 주기도문

Institutio Christianae Religionis

1. 기도

지금까지 계속 강조해 왔지만 인간에게 정말로 필요한 것은 우리 안에서 찾을 수 없고 우리 외부에서 도움을 구해야 합니다. 하나님은 그리스도 안에서 자신을 우리에게 주셨습니다. 그러므로 우리는 하나님 안에서 우리의 도움을 구하고 찾아야 합니다. 기도는 바로 그것을 요청하는 것입니다.

올바른 기도를 위해서는 두 가지 규칙이 있습니다. 첫 번째는 우리 자신이 가치 있다는 확신을 모두 버린 채 오직 주님께만 영광을 돌리는 것입니다. 우리의 의가 아니라 주님의 큰 긍

휼을 의지하고, 하나님의 자비에 의지해서 그분께 구하는 것입니다. 두 번째는 다른 의도나 마음을 품지 않고 오직 주님의 영광만을 구한다면 하나님은 우리가 구하는 것을 반드시 우리에게 주신다는 것을 믿는 것입니다. 우리가 만일 하나님의 은혜를 구하고자 하지 않고 다른 의도나 원하는 것이 있다면 우리의 기도는 부정한 것이 됩니다. 우리는 그저 하나님의 영광만을 위하여 기도하되 할 수 있는 한 최선을 다해서 구해야만 합니다. 우리 입술로 고백하는 기도의 내용을 한없는 목마름과 굶주림으로 구해야만 합니다.

하나님은 우리에게 기도하라고 명령하셨을 뿐 아니라 구하는 것은 무엇이든 받은 줄로 확신케 하는 약속도 주셨습니다.[16] 하나님께서 약속하셨기에 우리에게 소망이 있습니다. 하나님은 우리의 소망을 우리 자신이 가진 가치가 아닌 하나님이 주신 믿음을 근거로 판단하십니다. 하나님께서 약속을 주셨기에, 우리의 필요를 억누르고 그분의 도움을 구하지 않는다면, 하나님 아닌 다른 것에서 우리의 도움을 찾는다면 이는 오히려 우리에게 화를 불러일으키는 일입니다. 우리가 만일 우리의 도움을 하나님 외의 다른 것에서 찾는다면 이는 이스라엘 백성들이

---

[16] 마가복음 11:24

하나님 외에 이방신에게 도움을 구한 것과 같이 우상을 섬기고 그 앞에 절하는 것과 같은 일이 됩니다. 하나님은 우리에게 분명한 약속을 주셔서 그분께로 피하는 자를 보호하시고 그분께 구하는 자들에게 주시겠다고 하셨습니다.[17] 기도는 그런 그분의 약속에 근거합니다.

우리는 기도할 때 그리스도의 이름으로 기도합니다. 그리스도 외에 다른 길과 문이 없으며[18] 하나님은 그리스도를 우리의 머리와 인도자로 세우셨으므로 우리는 그리스도의 이름으로만 구해야 합니다. 성경이 이를 우리에게 밝히십니다.[19] 성경은 그리스도만을 우리에게 제시하며, 우리를 그에게로 보내고, 그 안에서 우리를 세워갑니다. 어떤 사람들은 이미 오래전에 죽은 성인들의 능력을 통해 우리의 기도가 하나님께 바쳐진다고 가르치지만, 우리의 기도는 오직 그리스도만을 통해서 하나님께 바쳐집니다. 성인들을 통해 우리의 기도를 대신 전달한다는 주장은 마치 그리스도께서 실패하신 것처럼 여기는 잘못입니다. 성경은 그리스도 외에 다른 중보자가 없다고 가르칩니다.

---

17) 시편 5:11, 마태복음 7:7, 8
18) 요한복음 14:6, 요한복음 10:7
19) 요한복음 14:14

기도는 간구와 감사의 두 부분이 있습니다. 우리는 우리의 모든 것을 하나님께 간구하고, 그분이 베푸시는 모든 것을 감사로 받아야 합니다. 우리는 너무나도 죄악되고 너무나도 궁핍한 사람이기 때문에 우리 가운데 가장 거룩한 사람이라 하더라도 끊임없이 하나님께 자비와 은혜를 구할 수밖에 없습니다. 이를 위해 우리는 쉬지 말고 기도해야 합니다. 모든 사람이 언제, 어느 때, 어떤 일이든지 만사를 하나님께 기대하고, 모든 일로 그를 찬양하며 자기들의 소원을 하나님께 올려야 합니다. 또한 기도할 때는 우리의 모든 생각을 기울여 우리 마음속으로 들어가야 합니다. 마음 깊은 곳에서 우러나오는 기도를 드려야지, 단지 입으로만 하는 기도나 찬양은 하나님의 진노만을 불러일으키게 됩니다. 이렇듯 우리에게 필요한 가장 좋은 것들을 하나님께로부터 받으니 우리의 기도는 감사가 되는 것이 당연합니다. 하나님의 은혜에 보답하는 길은 오직 감사밖에 없습니다.

바울은 우리에게 쉬지 말고 기도하라고 가르칩니다.[20] 이는 언제나 모든 일들에서 하나님만을 기대하고 그분께 자신의 소

---

20) 데살로니가전서 5:17

원을 올려드려야 한다는 가르침입니다. 물론 이는 개인기도에 관한 가르침이며 공중기도는 질서 있고 품위 있게 해야 합니다.[21] 예배당이 있는 것은 회중이 모여 기도하고 선포되는 말씀을 들으며 성례를 시행하기 위해서입니다. 이 장소에 하나님의 귀가 더 가까이 있어 여기서 드리는 기도를 하나님이 더 잘 들으시고 응답하신다고 믿는 것은 유대인이나 이방인들의 어리석은 관습을 되풀이하는 것입니다. 우리 자신이 하나님의 성전이기 때문에 하나님께 기도하기 원하는 자들은 자기 안에서 기도하면 됩니다. 기도는 자기 안에 깊이 들어가는 것입니다. 만약 그렇게 하지 못하고 우리 입술에서만 기도와 찬양이 나온다면 이는 하나님의 진노만을 불러일으킬 뿐입니다. 우리의 마음과 우리의 입술과 혀가 일치하여 하나님께 드려질 때 비로소 바른 기도가 드려집니다. 이런 방식으로 공중기도를 드리고 성도들이 함께 한 성령과 한 믿음으로 하나님께 찬양할 때 하나님께서 예배받으십니다.

   마음이 없는 말은 하나님이 받으시지 않으십니다. 이는 회중기도를 할 때나 개인기도를 할 때나 마찬가지입니다. 기도를 가르치기 위해서 그리스도께서는 우리에게 주기도문을 모범으

---

21) 고린도전서 14:40

로 주셨습니다. 주기도문을 통해 우리의 개인적인 이익이 아닌 하나님의 영광을 구하는 법을 배우게 됩니다. 주기도문의 전체 내용은 하나님의 영광만을 구합니다. 특히 첫 세 간구는 하나님의 영광을 직접적으로 간구하며, 뒤의 세 간구는 우리 자신의 문제와 관련이 있습니다. 그러나 그마저도 우리 스스로의 이익이 아닌 하나님의 영광을 위하여 구하여야 합니다.

2. 주기도문

서론 : '하늘에 계신 우리 아버지'

비록 우리는 아버지께 방탕하고 패역한 아들이지만 그럼에도 불구하고 하나님은 우리의 가장 친절하고 선하신 아버지이십니다. 그분은 '우리'의 아버지이십니다. 그래서 우리의 모든 기도는 하나님의 나라와 그의 가족으로 세우신 공동체를 위한 기도여야 합니다. 우리가 드리는 모든 기도는 주님께서 세우시고 우리를 그 일부로 부르신 교회를 위한 기도가 되어야 합니다. 우리는 주변에 있는 사람들은 구제로 직접 도울 수 있으나 우리 눈에 보이지 않는 지체들의 빈궁은 알 수 없습니다. 그러나 우리가 알지 못하는 먼 곳에 있는 미지의 형제들도 역시 기도로 도울 수 있습니다.

그리고 그분은 우리의 '아버지'이십니다. 그분은 하늘의 온갖 보화를 소유하고 계시며 이를 자녀인 우리에게 아낌없이 나누어 주시는 분이십니다. 우리의 모든 좋은 것은 아버지이신 그분께서 우리에게 주신 것입니다.

하나님이 하늘에 계시다는 고백을 그분께서 하늘이라는 환경에 갇혀 있다는 것으로 이해해서는 안됩니다. 하늘의 하늘이라도 그분을 용납할 수 없습니다.[22] 오히려 이 고백은 그분께서 온 세상에 충만하시며 우리가 그분을 완전히 이해하는 것은 불가능하며, 우리의 생각과 감정으로 그분을 제한하는 것은 불가능하다는 고백입니다.

첫 번째 간구 : '이름이 거룩히 여김을 받으시오며'

우리는 하나님의 이름, 그분의 속성과 권능, 지혜, 의, 자비, 진리, 그의 위엄이 모든 사람들에 의해 거룩히 여김을 받고, 모든 것들에 그분의 영광이 비춰기를 기도해야 합니다. 온 세상 그 어디라도 그분의 영광이 비춰지지 않는 곳이 없으며 온 세상 모든 만물이 그분을 칭송하고 그분께 영광 돌리게 되기를 기도

---

22) 열왕기상 8:27

해야 합니다. 그리고 이 기도와 더불어 모든 선한 것을 그분의 것으로 돌려 하나님을 찬양하고 우리에게 베푸시는 그분의 은혜를 인정해야 합니다. 그렇게 할 때 그분의 이름이 거룩히 여김을 받게 될 것입니다.

두 번째 간구 : '나라가 임하시오며'

하나님의 말씀이 어떤 고난과 비난과 모욕 가운데서도 자라나고 흥왕하고 그 백성들이 그 말씀에 순종하고 하나님만이 높임을 받으시고, 모든 것 가운데 모두가 되시기를, 그래서 하나님의 나라가 임하시기를 기도합니다. 하나님의 나라는 성령님을 통해 그분의 백성을 다스리시고, 그분의 선하심과 자비와 부요가 그 백성들이 하는 모든 일들에 나타나는 나라입니다. 하나님의 나라는 이 세상에 있으나 이 세상에 속하지 않은 나라입니다. 그 나라는 영적인 것이고 부패하지 않으며 이 세상에서도 열매를 맺을 것입니다. 우리가 하나님의 말씀에 순종하며 기도할 때 그분의 나라가 이 땅에 임하실 것을 믿습니다.

그리스도께서 다시 오실 때 그분의 나라는 이 세상에 완전히 임하시고 완전해지고 완성될 것을 우리는 믿으며 소망합니다. 그날에는 그분만 높임을 받으시고 그의 백성은 영광을 받겠지만, 사탄의 나라는 파괴될 것입니다.

세 번째 간구 : '뜻이 하늘에서 이루어진 것 같이 땅에서도 이루어지이다.'

온 우주 어디에서라도, 거기서 일어나는 모든 일들이 하나님의 뜻을 따라 다듬어지고 만들어지기를, 그 모든 일들과 결과를 하나님께서 다스리시고, 거기 사는 모든 창조물들을 하나님의 결정에 따라 사용하시기를, 그리고 그 모든 존재들이 어떤 일이든지 하나님께 복종하기를 기도합니다. 우리가 이같이 기도할 때, 우리가 원하는 것을 하나님이 이루어 주셔서 응답하시기를 바라는 것이 아니라, 오히려 우리의 기도내용이 하나님의 뜻을 구하는 것이 되며, 우리가 원하는 것이 아니라 하나님의 뜻이 우리에게 이루어지기를 기도합니다. 우리의 계획이나 바라는 것들이 이루어지는 것이 아니라 그분의 작정이 온전히 이루어지기를 기도하는 것입니다. 우리 속에 정한 마음과 새 영을 창조하시고, 우리가 이전에 원래 가지고 있던 우리의 욕심과 정욕, 옛 소망과 바램, 즉 우리 자신은 소멸하기를 기도합니다.

이 첫 세 간구는 우리의 기도가 오직 하나님의 영광과 그분의 나라를 구하는 것이어야 하며 우리 자신이 필요하다고 생각하는 것들, 우리가 가진 욕심을 위해 기도해서는 안 됨을 가르쳐 줍니다. 오직 하나님만 영광을 받으시고, 그분의 나라가 임하고, 그분의 뜻이 이루어진다면, 그것이 바로 우리가 받을 큰 유익이고 상급입니다. 반면에 하나님의 이름이 거룩히 여김을 받고 그분의 나라가 임하고 그분의 뜻이 이루어질 것을 구하지 않는 자들은, 설령 그가 교회에 몸담고 믿음을 고백한다고 말할지 몰라도, 실제로는 하나님의 자녀와 종이 아니며, 결국 그들은 극심한 혼란 가운데 심판을 맞게 될 것입니다.

주기도문 전반의 세 간구가 끝났습니다. 이제 후반의 세 간구의 내용입니다. 이 후반의 세 간구는 우리의 욕심이 아닌, 우리에게 참으로 필요한 것들을 하나님께 아뢰고 도와주시기를 부탁하는 기도입니다.

네 번째 간구 : '오늘 우리에게 일용할 양식을 주시옵고'
이 간구를 통해서 우리는 우리의 육체가 이 땅위에 살고 있는 연약한 것임을 고백합니다. 이 간구를 통해서 우리에게 이 세상의 것들이 여전히 필요하며 먹을 것이나 마실 것이나 옷가지와 같은 것만 아니라 우리에게 필요하다고 하나님께서 미리 아신 것들을 공급해 주셔서 우리를 보살펴 주실 것을 구합니다. 우리는 우리 스스로의 노력과 열심을 통해 이 땅에서 생명을 유지하는 것이 아니라, 오직 하나님의 보호와 돌보심에 의

해서만 살아갈 수 있음을 이 간구를 통해 고백합니다. 하나님은 진실로 우리의 연약한 육체를 위해 필요한 것이 무엇인지를 우리보다 더 잘 아시고 이를 공급해 주시는 분이십니다. 하나님을 모르는 자들은 아무리 강하고 위대한 자들이라도 자신의 소유가 충분한 줄을 모르고, 만족함이 없고 평안함이 없이 더 많은 것을 구하며 살아갑니다. 그러나 하나님을 위해 자신의 생명을 유지하기 위한 것들에 대한 걱정마저도 던져버리는 자들에게, 하나님께서는 더 큰 영생과 구원으로 채우십니다. 우리는 그리스도께서 다시 오실 날 들어가게 될 하나님의 나라에서만 아니라, 이 땅에서도 하나님의 도우심에 자신을 완전히 맡기는 훈련을 받아야 합니다. 우리는 불신앙에 빠져 염려와 근심에 싸여 있지 말고 주께서 베푸시는 소망으로 우리의 걱정과 근심을 떨쳐버리는 훈련을 받아야 합니다.

그래서 우리는 우리에게 필요한 빵을 우리 주님께 구합니다. 그것을 주께 구하되 '오늘 일용할' 양식을 주실 것을 구합니다. 우리는 그것으로 충분히 만족할 수 있습니다. 우리에게 필요한 것은 남들보다 더 많이 더 풍족하게 가지는 것이 아니라, 오늘 일용할 양식을 주께 받고 그것으로 만족하는 것입니다. 이 간구는 우리 하늘 아버지께서 오늘 우리에게 일용할 양식을 주시듯이 내일도 이를 실패하지 않으실 것이라는 믿음의 고백입니다.

다섯 번째 간구 : '우리가 우리에게 죄 지은 자를 사하여 준 것 같이 우리 죄를 사하여 주시옵고'

성도들은 단 한 사람도 빠짐없이 용서가 필요하고 용서를 받은 자들입니다. 하나님께서는 오직 그분의 자비로 우리의 죄를 탕감해 주셨습니다. 그분께서는 그리스도의 고난과 죽음을 통해 우리의 죄값을 받으셨고, 이후로 다시는 우리의 죄를 거론하시지도, 그 값을 치룰 것을 요구하시지도 않으십니다. 만일, 누군가 이 용서가 자신의 공로나 의를 통해 받은 것이라 믿는다면, 그는 아직 스스로가 죄인이라고 자기 자신을 고발하는 것과 마찬가지입니다. 이는 그리스도의 공로와 이를 통해 나타난 하나님의 자비를 거부하고 심지어 모욕하는 것이기에 그렇습니다.

우리가 크나큰 자비로 우리의 죄 용서함을 받았으니, 우리도 우리에게 죄 지은 자들을 용서해야 합니다. 우리 마음속의 분노와 복수심, 증오를 버리고 억울하고 슬픈 일을 당했다는 기억을 스스로 포기해야 합니다. 그렇게 우리는 한 사람이라도 용서해야 합니다. 이 간구의 참된 뜻은 우리가 남을 용서하지 않는다면 우리도 용서하지 마시기를 구하는 것입니다. 그토록 큰 용서를 받았으면서도 남을 용서하지 못하는 자들에게 남은 것은 엄중한 심판 외에 무엇이 있겠습니까.

여섯 번째 간구 : '우리를 시험에 들게 하지 마시옵고 다만 악에서 구하옵소서'

우리는 날마다 수많은 유혹 가운데 살아갑니다. 하나님의 법을 멀리하게 하고, 우리의 욕망에 따라 살아가게 하고, 악한 생각과 행동을 하게 하는 마귀의 유혹은 끊임없이 우리 앞에 놓입니다. 그런 유혹들은 부요나 가난, 권력이나 압제, 포로를 삼거나 포로가 되는 신분과는 상관이 없습니다. 배가 불러서 하나님은 모른다고 할 수도 있고, 가난 때문에 도둑질해서 하나님의 이름을 욕되게 할 수도 있는 것이 인간입니다. 그래서 우리는 그 어떤 상황이나 환경을 만나도 그 안의 무수히 많은 유혹과 공격 앞에 당당히 맞서게 하시며, 우리를 지켜달라고 하나님께 기도해야 합니다.

물론, 하나님이 주시는 시험이 없는 것은 아닙니다. 마귀가 우리를 파괴하고 넘어뜨리기 위해 시험에 던지는 것이라면, 하나님께서는 우리가 그의 자녀임을 증명하고 우리를 연단하시기 위해서 시험을 주십니다. 우리의 육체의 생각을 죽이고, 우리를 깨끗하게 하시기 위해서 시험을 주시는데, 만일 이런 시험이 없다면 우리는 즉각적으로 육체의 방탕과 교만 가운데 빠지게 될 것입니다. 그리고 하나님께서는 시험을 주실 때에 반드시 피할 길도 주셔서 완전한 절망에 빠지지 않도록 우리를 지켜주십니다.

우리의 이 기도들은 모두 공적이어야 합니다. 교회를 세우고 성도들의 교제를 위해서 기도해야 하며 나의 양식, 나의 죄 사함, 나의 보호를 위함이 아니라 우리 모두의 일용할 양식과 우리 모두의 죄사함을 위해서, 우리 모두를 악과 유혹에서 보호해 주시기를 우리 모두가 함께 구해야 합니다.

마지막 간구 : '나라와 권세와 영광이 아버지께 영원히 있사옵나이다'

이것이 우리가 드려야 할, 우리 주님께서 가르쳐 주신 기도의 결론입니다. 나라와 권세와 영광이 아버지께 영원히 있을 것을 알기에 우리는 확고한 믿음을 가지고 평안할 수 있습니다. 우리가 아무리 약하고 가난하고 천해도 이것을 믿기 때문에 기도할 수 있으며, 듣고 응답하시는 하나님 아버지의 사랑을 확신할 수 있습니다.

3. 말씀대로 드리는 기도

우리가 드려야 하는 모든 간구가 주기도문 안에 들어 있습니다. 주기도문을 넘어서는 기도를 하는 자들은 첫째, 자기 지혜로 하나님의 지혜에 무언가를 첨가하려는 것이니 신성모독하는 자들이며, 둘째, 하나님의 뜻 안에 머물러 있으려 하지 않고 이를 멸시하는 자들이며, 셋째, 믿음도 없이 기도하므로 아무것도 얻지 못할 것입니다. 우리는 주기도문으로 우리에게 가르쳐 주시는 기도의 내용 이외에는 아무것도 기대하거나 하나님께 요구해서는 안 됩니다. 하나님은 우리에게 정말로 필요하고 우리가 정말로 기도해야 할 것이 무엇인지를 우리 자신보다도 더 잘 아십니다. 주기도문은 우리에게 정말로 필요한 것이 무엇인지를 가르치시고 보여주신 하나님의 지혜입니다. 우리는 우리의 지혜를 짜내서 기도할 것이 아니라 하나님의 지혜를 따라야 합니다. 주기도문에는 하나님께 영광을 돌리며 우리의 필요를 구하는 모든 내용이 들어 있습니다. 우리가 정말로 행복하기를 원한다면 주기도문을 따라 기도해야 합니다. 물론 주기도문의 일점일획도 바꾸지 말고 그대로만 기도하라는 것은 아닙니다. 그러나 우리가 사용하는 단어와 문장은 다를 수 있어도 그 내용에 있어서는 주기도문을 잘 따라야 합니다.

우리는 기도에 일정한 시간을 할당해야 합니다. 우리의 연약함과 나태함 때문에라도 기도의 시간을 따로 내서 실천이 필요합니다.

마지막으로, 우리의 기도에 하나님을 제한하려는 의도가 있는지 살펴야 합니다. 하나님께서 원하시는 시간과 장소에서 그가 선히 여기시는 것들이 결정되고 이루어지도록 그분께 맡겨드려야 합니다. 우리가 소망하고 기도하는 대로 하나님께서 일하실 것이라 생각해 그분을 제한하거나, 그분께 어떤 길과 방법을 제시하려 들지 말고, 그분께서 하시는 일들이 우리를 통해서 나타나기를 위해서 기도해야 합니다. 또 기도하자마자 바로 응답이 없다 해도 실망하지 말아야 합니다.[23] 때로는 오래 기다려도 응답이 없는 것 같을 때도 있습니다. 그러나 그럴 때조차도 하나님으로부터 가장 적합한 것을 받았다는 사실을 알아야 합니다. 비록 우리가 하는 일이 실패하고, 하나님께서 우리의 기도를 듣지 않으시는 것 같은 그때에도 하나님은 우리를 결코 버리시지 않으십니다. 그러므로 우리는 절망하지 않고 인내를 가져야 합니다.

---

23) 누가복음 18:1

제4장

성
례

Institutio Christianae Religionis

1. 성례에 대하여

성례는 하나님께서 우리에게 그의 선한 뜻을 나타내시고 확증해 주시는 눈에 보이고 경험할 수 있는 표입니다. 하나님께서는 우리의 약한 믿음을 붙들어 주시기 위해서 성례를 우리에게 주셨습니다. 이는 하나님의 은혜의 증거이며 하나님은 우리가 하나님의 백성임을 성례로 인치시고 증거하십니다. 성례는 보이는 말씀입니다. 하나님의 말씀의 신실함을 더욱 확실하게 믿고 의지하게 만드는 것이 성례입니다. 주님께서는 자신의 자비를 말씀과 성례로 우리에게 나타내십니다. 우리의 믿음을 기르고 연습시키고 증대시키도록 하기 위해서 주님께서는 우리에게 성례를 주셨습니다.

우리의 믿음은 처음부터 완전한 상태로 주어진 것이 아니라 자라납니다. 하나님께서는 우리의 믿음이 자라는 것을 돕기 위해 성례를 주셨습니다. 믿음은 배불러서 더 이상 다른 필요가 없는 상태가 아니라, 격렬히 배고프고 목말라서 그리스도를 끝없이 갈구하고 사모하는 상태입니다. 하나님께서는 그 배고픔과 목마름을 성례를 통해서 채워주십니다.

성례는 성례 그 자체가 신비한 본질이 아니라 하나님의 도구입니다. 어떤 사람들은 성례를 입대선서와 비슷한 것으로 여깁니다. 입대선서를 통해서 사령관 앞에 충성을 맹세하는 것처럼, 우리도 그리스도를 우리의 사령관으로 고백하고 그에게 봉사하기를 선서하는 것이라 여깁니다. 그러나 성례는 입대선서도 아닙니다. 성례는 그것을 통해서 그리스도께 봉사하기를 선서하는 것이 아니라 우리에게 베푸신 하나님의 은혜의 증거입니다. 또 어떤 사람들은 성례 자체에 어떤 신비한 힘이 있어서 그것을 받는 사람에게 영적이고 신비한 능력을 준다고 주장합니다. 그러나 성례는 계속해서 말해 왔듯이 표식입니다. 성례는 우리에 대한 하나님의 사랑을 확인하고 확증하는 도구이지 그 어떤 비밀스런 능력이 아닙니다.

하나님은 자연물을 통해서 자신의 은혜를 우리에게 나타내 보여주셨습니다. 노아에게 다시는 물로 세상을 심판하시지 않으시겠다고 말씀하시며 그 증표로 무지개를 보여주셨을 때, 이 무지개가 바로 하나님의 자비의 약속을 증거하는 성례의 역할을 담당했습니다.[24] 우리는 노아가 아니지만 무지개를 볼 때마다 하나님의 약속을 떠올리며 홍수가 나도 두려워하지 않고 하나님께 감사를 드립니다. 광야에서 이스라엘 백성들은 살아계신 하나님의 얼굴을 마주할 수는 없었지만 낮의 구름기둥과 밤의 불기둥을 바라보면서[25] 이스라엘 백성들을 지키시고 인도하시는 하나님의 약속을 굳게 믿고 의지할 수 있었습니다. 구약시대에 생명나무, 무지개, 구름기둥과 불기둥 같은 자연물들이 하나님의 약속을 확인하는 증표였다면, 이제 우리에게는 세례와 성찬이라는 두 성례를 통해서 하나님의 약속을 우리에게 확인시켜 주십니다.

---

24) 창세기 9:16
25) 출애굽기 13:22

2. 세례

첫 번째 성례는 세례입니다.[26] 하나님께서는 우리에게 두 가지 목적으로 세례를 주셨는데, 첫 번째는 하나님 앞에서 우리의 믿음의 증거를 위해서, 두 번째는 사람들 앞에서 우리의 고백의 신실함을 증거하기 위해서입니다.

세례를 주신 첫 번째 목적은 우리가 깨끗이 씻겨졌음을 증거하고 상징하기 위해서입니다. 하나님께서는 우리의 죄가 완전히 소멸하고 없어져서 다시는 하나님 앞에 그것이 나타나지 않으리라는 증거로 우리에게 세례를 주셨습니다. 하나님께서는 믿고 세례를 받는 사람은 구원을 받을 것이라 약속하셨는데 [27] 우리는 그 약속을 세례와 함께 받습니다. 하나님은 자신의 약속을 반드시 지키시는 분이십니다.[28] 약속이 이루어질 것도, 그 약속을 하나님께서 반드시 지키실 것도 세례를 통해서 확신하게 됩니다. 하나님의 약속이 성취됐다는 물리적 증거로 물이 뿌려지고, 그 물이 머리 위로 느껴지고, 그 물뿌림을 우리 눈으로 보게 됩니다. 구름기둥과 불기둥처럼, 무지개처럼 세례의

---

26) 마태복음 28:19
27) 마가복음 16:16
28) 시편 89:34

물을 눈으로 봄으로 우리는 하나님의 약속이 이루어짐을 확인하게 됩니다. 우리를 구원하신다는 하나님의 능력이 복음에 담겨지고, 그 약속이 성취되었다는 증거가 세례에 담겨집니다.

세례는 또 세례받기 전 과거의 죄만이 사해졌다는 의미만을 가지지 않습니다. 우리는 한 번의 세례로 우리 전 생애의 모든 죄가 다 씻겨져 깨끗하게 되었다는 증거를 받습니다. 죄로 넘어질 때마다 세례를 통해 우리의 죄를 씻어주신 하나님의 사랑을 떠올리며 죄사함에 대한 확신을 가져야 합니다. 물론 이것은 대담하게 죄를 지으라는 말이 아닙니다. 이런 확신과 소망은 무감각하게 죄를 짓는 사람이 아니라, 죄로 인해 절망하며 신음하는 사람들에게 주어지는 것입니다. 하나님께서는 그리스도를 다른 누구가 아닌, 양심의 가책으로 상처받아 절망하며 구원자를 갈망하는 가련한 죄인들에게 주셨습니다. 죄를 지었음에도 벌을 받지 않을 것이라 여기며 대담하게 방종하고 죄를 추구하는 자들에게는 하나님의 진노와 심판만이 있을 뿐입니다.

세례는 또한 우리가 그리스도 안에서 죽은 것과 그 안에서 새 생명 얻었음을 보여줍니다. 우리는 그리스도와 연합하여 우리 육체의 욕망에 대해서는 죽고, 그리스도를 본받아 의로운 생활을 하는 데는 삽니다. 세례를 통해서 그리스도는 우리를 그분의 죽음에 동참시키셨으며 그분께 접붙여 주셨음을 인증해 주십니다.[29] 우리는 여전히 육체의 정욕에 괴롭힘 당하지만 주님께서는 그분의 권능으로 우리를 죄의 노예 상태에서 구하셨습니다. 이스라엘을 쫓던 바로의 군대가 물에 빠져 죽었듯이 우리를 괴롭히는 사탄의 세력은 이미 정복되었으며, 세례는 이를 우리에게 약속하며 상징합니다. 그리스도의 피로 가리워지고 보호받는 것을 세례로서 알게 됩니다.

어떤 이들은 세례를 통해서 우리가 원죄와 아담의 부패한 유전으로부터 벗어나며 처음 창조시의 순수함을 되찾는다고 주장하지만 이 주장은 잘못된 것입니다. 우리 본성의 모든 부분이 타락하고 부패했기 때문에 우리는 하나님 앞에서 진노와 저주를 받아 마땅한 자들입니다. 또한 이 왜곡된 본성은 우리 안에 없어지지 않고 남아 있어 죄의 열매를 계속해서 쏟아내게 합니다. 단순히 아담이 창조 때 가지고 있었던 원래의 의로움이 없어진 것만이 문제가 아니라 우리의 부패한 본성은 우리가 끊임없이 죄를 짓게 만듭니다. 인간은 전적으로 이 죄에 대한

---

29) 로마서 6:3

욕망으로 이루어져 있습니다. 우리가 육체 안에 사는 동안에는 죄의 흔적과 영향은 항상 우리 안에 남아 있을 것입니다. 그러나 하나님께서 우리에게 주신 약속을 세례를 통해 붙잡고 있다면, 그 죄의 흔적이 우리를 지배하지 못할 것입니다. 또한 세례는 우리가 그리스도 안에 접붙혀져 그분과 완전히 연합했으며 그분께서 소유하신 모든 복의 동참자가 되었다는 증거로 우리에게 주어집니다.

또한 세례는 공적인 의미가 있는데, 사람들 앞에서 우리의 고백의 증거가 된다는 것입니다. 우리는 세례를 통해 하나님의 백성으로 간주되기를 원하고, 같은 하나님을 예배하는데 합류하며, 모든 그리스도인들과 함께 하나의 공교회를 이루기를 소원한다는 것을 증거합니다. 그리고 이 증거는 개인적이고 사적인 것이 아니라 예식을 통해 공적인 것으로 교회 앞에 드러내게 됩니다. 우리는 세례를 통해서 우리의 신앙을 공개적으로 고백합니다.

우리는 이 세례를 하나님의 손으로 받는 것과 같이 여겨야 합니다. 죄악에 대한 기억을 없애 주시는 분도, 우리를 깨끗하다고 여겨주시는 분도 하나님이십니다. 세례를 베푸는 인간의 손에 어떤 능력이 있는 것도 아니고, 그 인간의 가치로 세례에 무엇인가를 더하거나 뺄 수 없습니다. 삼위 하나님의 이름으로 세례를 받는 것이고 인간의 손은 단지 전달하는 도구에 불과합니다.

마지막으로 유아세례에 관해서라면, 유아들 가운데도 하나님의 택하신 백성이 있을 것이 확실하며, 나이는 하나님이 주시는 영생을 얻는데 아무런 장애가 되지 못하고, 택함 받은 자들이 늦든 이르든 인생의 어느 시점에 이 타락한 감옥에서 놓임 받았든지 간에 영생으로 들어가는 것은 믿음에 의해서입니다. 또한 주님은 아이들이 자신에게 오는 것을 금하지 말라고 하셨고 천국은 이 아이와 같은 자들에게 주어진다고도 하셨습니다.[30] 비록 유아들이 자신의 입으로 믿음을 고백하지는 못해도 마치 태어난지 팔 일만에 할례를 행하라 명하셨던 하나님의 명령처럼[31] 약속받은 자들의 자녀에게는 세례를 베푸는 것이 합당한 일입니다.

3. 주님의 성찬

다른 하나의 성례는 성만찬입니다. 성찬의 빵과 포도주를

---

30) 마태복음 19:14
31) 창세기 17:12

먹고 마심으로, 우리가 그리스도에게 접붙여져서 그분이 우리의 것이고 우리가 그분의 것임을 알게 하시는 성례입니다. 그리스도께서 우리의 가난과 연약함과 가멸성을 떠맡으시고 대신 우리에게는 자신의 부요와 강함과 불멸성을 주셨습니다. 자신은 이 땅에 내려오셔서 우리를 하늘로 올리셨고, 우리와 같은 사람의 아들이 되셔서 우리를 하나님의 아들이 되게 하셨습니다. 성찬을 통해 우리는 이와 같은 은혜를 깨닫고 기억하게 됩니다.

성찬의 빵과 포도주를 맛보면서 우리는 그리스도의 살과 피가 우리를 위해서 주어졌음을 확신하게 됩니다. 이는 우리의 생명의 양식입니다. 그 빵과 포도주를 믿음으로 먹고 마시듯이 그리스도의 살과 피를 받는 자들은 영생을 받습니다. 성찬은 이 사실을 우리에게 상기시키기 위해 주어진 성례입니다.

로마교회는 성찬의 빵과 포도주가 실제 그리스도의 살과 피로 변한다고 합니다. 빵과 포도주의 본질이 그리스도의 살과 피의 본질로 변화한다는 것입니다. 어떤 사람들은 빵 자체가 그리스도의 몸이라고 주장하기도 하고, 어떤 사람들은 그리스도의 몸이 빵 안에 있다고도 주장하며, 또 어떤 사람들은 빵은 단지 그리스도의 몸의 상징일 뿐이라고도 주장합니다.

확실한 것은 주께서는 성찬을 통해 우리의 배가 아닌 우리의 영혼을 채워주려 하셨으며, 그 안에서 그리스도를 찾게 하셨다는 것입니다. 그리스도께서는 환상이 아닌 실제의 몸을 입고 이 땅에 내려오셨으며 하늘로 올라가셨습니다. 그분의 신성은 모든 것을 충만케 하셨지만 그분의 인성은 육체 가운데 거하셨습니다.[32] 신성과 인성은 그분 안에서 완전히 함께 합니다. 이 육체를 입으신 그리스도의 인성을 우리들에게 영적으로 보여주는 것이 바로 성찬입니다. 그 맛과 식감이 우리 입에서 느껴져 그것이 실제로 존재하는 것을 확실히 알 수 있는 빵과 같이, 그리스도도 확실한 몸을 입고 이 땅에 내려오셨습니다. 그리스도의 육신은 불멸성을 가지고 있으며 성찬을 통해 우리의 육신도 그리스도의 육신의 불멸성에 동참합니다. 육체를 가지고 이 땅에 내려오신 그리스도께서는 자신의 살과 피로 우리에게 새 언약을 세우셨으며[33] 성찬은 이 언약을 우리에게 상기시킵니다. 성찬의 빵과 포도주는 그리스도의 살과 피에 우리를 영적으로 참여하게 합니다. 하나님은 성찬을 통해 그의 풍성한 은혜를 우리에게 상기시키시고 우리가 그것을 인정하게 하십니다. 또한 그분은 이를 행함으로 그 은혜를 전파하라고 권고

---

32) 골로새서 2:9
33) 마가복음 14:24

하시며 주의 죽으심을 주님이 다시 오실 날까지 전하라고 명령하십니다.[34] 성찬에 참예한 우리는 그리스도의 죽음이 우리의 생명이라는 것을 선포해야 합니다.

성찬은 또한 우리 모든 성도들이 사랑의 끈으로 연결되어 있음을 알게 합니다. 우리는 성찬을 통해서 그리스도와 연합하여 그분과 한 몸을 이룹니다. 성찬으로 하나 된 우리 사이에는 서로 구별됨이 없고 어떤 종류의 불화나 분열도 틈타지 못하게 해야 합니다. 한 몸인 우리가 우리 가운데 누군가를 업신여긴다면 그것은 그와 한 몸된 그리스도를 업신여기는 것입니다. 성찬으로 한 몸된 형제 중 하나를 해치는 것은 그리스도를 해치는 것이고, 형제와 불화하는 것은 그리스도와 불화하는 것이며, 형제를 사랑하지 않고는 그리스도를 사랑할 수 없으며, 우리 몸을 돌보듯이 형제를 돌보아야 하며, 형제의 고통을 나의 고통으로 여겨야 합니다. 아우구스티누스는 성찬을 '사랑의 끈'이라고 자주 부릅니다. 이것이 참된 성찬입니다.

성례를 통해 감사와 사랑을 배우지 못하는 자들에게는 성찬의 빵과 포도주가 치명적인 독이 됩니다. 믿음과 사랑을 위한

---

[34] 고린도전서 11:26

아무런 열심 없이 성찬에 참여하는 것은 주의 몸을 분별하지 못한 채 먹고 마시는 것입니다. 이는 스스로 자신의 죄책을 짊어지고 자기 자신을 고소하는 일입니다. 성찬에 참여할 때, 그리스도께서 그렇게 하셨던 것처럼 그분의 모범을 따라 우리도 형제를 위해 자기 자신을 내어주며 그들을 지체로 여겨야 합니다. 또한 자기 스스로도 다른 형제들에게 지체로 간주되고 있는지를 살펴야 합니다. 그렇기 때문에 성찬에 앞서 만약 교회의 다른 지체와 불화한 일이 생각나면 먼저 그들과 화해하고 하나가 된 후에 비로소 성찬에 참여해야 합니다.[35]

어떤 사람들은 성찬에 합당한 은혜의 상태가 '모든 죄를 씻어내어 깨끗한 상태'를 의미한다고 말합니다. 그러나 우리는 죄인이고 우리 스스로의 힘으로는 아무런 가치가 없는 자들입니다. 만일 모든 죄를 씻고 깨끗한 자들만이 성찬을 받을 수 있다면 우리는 성찬에 참여할 아무런 희망도 찾을 수 없을 것입니다. 스스로 완전하다고 여길 수 있는 사람은 하나도 없기에 이런 식으로는 성찬이 모든 사람들에게 닫히며, 이 죄인들에게 베푸시는 성례의 은혜와 위로도 빼앗기게 될 것입니다. 그러나, 이와는 반대로 우리가 죄인이고 가치가 없고 가난하기에

---

[35] 마태복음 5:24

성찬이 오히려 우리에게 은혜가 됩니다. 우리의 무가치함을 주님께 드려서 주님의 자비로 우리를 가치 있게 만드시고, 우리 자신에게 절망해서 그분에게 위로를 받고, 우리 자신을 낮춤으로 그분에 의해 높혀지고, 우리 자신을 정죄함으로 그분께 의롭다 하심을 얻고, 나아가서 성찬을 통해 그분과 연합하는 것을 갈망하고, 그분 안에서 우리가 한 마음과 한 뜻으로 같은 말을 하게 될 것을 사모합니다. 성찬은 완전한 자들을 위해서가 아니라, 약한 자들이 믿음과 사랑이 없음을 깨닫고, 이를 위해 훈련받게 하기 위해서 제정되었습니다.

성찬은 자주 행해져야 합니다. 만일 성찬이 너무 적은 횟수로 행해진다면 일 년에 단 한 번 성찬에 참여하면서도 자신의 의무를 아름답고 완전하게 수행했다고 착각하고 방종에 빠지게 할 수 있기 때문입니다.

로마교회는 이 성찬의 빵과 포도주가 제물이며 성찬을 행하는 미사를 희생이고 제사라고 주장합니다. 그러나 아무리 미사를 장엄하고 경건하게 꾸민다 해도 이는 잘못된 주장입니다. 그리스도께서는 우리의 제사장이십니다. 그러나 미사가 제사라면 그리스도 외의 제사장이 우리에게 필요하다 주장하는 것으로 그리스도의 공로를 무시하며 폄하하는 것입니다. 또한 그리스도께서는 십자가 위에서 다 이루셨다고 하셨는데[36], 미사는 십자가로는 불완전하며 다른 무언가를 첨가해야 한다고 주장하는 것입니다. 자신을 제물로 삼으신 그리스도의 희생은 완전한 것이었는데, 미사는 그분의 죽음 이외에 다른 희생 제물이 필요하다고 가르치며, 그리스도의 죽음을 우리와는 상관없는 것으로 만들어 그분의 죽음으로부터 얻는 유익을 빼앗아 갑니다. 또한 미사를 통해 그리스도의 살과 피로 계속해서 희생제물을 드려야 한다는 주장은 하나님을 만족하지 않는 채무자로 만듭니다. 마지막으로, 성찬이 우리를 하나로 묶는 것이라면, 미사는 각각의 사람이 따로 하나님께 드려야 함으로 공동체를 분열시킵니다. 하나님은 이런 미사를 드리라고 말씀하시지 않으셨습니다.

그리스도께서 자신의 몸을 제물삼아 단번에 희생제사를 완료하셨기 때문에[37] 이제는 더 이상 제사가 아닌 그분이 베푸신 것에 대해 감사와 찬미를 드립니다. 미사의 의무를 반복함으로 죄 사함을 얻는다는 주장은 하나님 앞에 불경한 것이고 그분을 모욕하는 것입니다. 하나님은 십자가 위에서 옛 제사장을 폐지

---

36) 요한복음 19:30
37) 히브리서 9:26

하시고 새로운 제사장은 더 이상 세우지 않으셨습니다. 우리가 드리는 감사와 찬미는 우리의 죄사함, 우리가 쌓아야 한다고 하는 공로와는 무관합니다. 이는 오직 하나님을 높이는 것이고 우리는 이를 예배라고 부릅니다.

요약하자면 신자에게 세례는 교회에의 가입과 신앙생활의 시작이며, 성찬은 일종의 계속해서 먹어야 하는 양식으로 우리는 이를 통해 영적으로 양육됩니다. 이 둘 외에 다른 성례는 없습니다. 새로운 성례를 제정하는 것은 인간이 선택할 문제가 아닙니다. 성례는 하나님으로부터 주어진 것이기 때문입니다.

4. 성례의 거행

먼저 세례의 핵심은 한 사람이 세례를 받으려 할 때, 그를 교회 앞에 세워 온 교회가 증인이 되어 그를 위해 기도하고, 같은 신앙고백을 암송하고, 삼위 하나님의 이름으로 세례를 주고, 기도와 감사로 그를 돌려보내는 것입니다. 물을 머리에 뿌리느냐, 또는 물에 완전히 잠기게 하느냐는 문제의 핵심이 아닙니다. 이는 상황에 따라 하면 됩니다.

성찬은 자주, 가능하면 매주 행해져야 하며, 공중기도와 설교, 성찬 제정에 관한 말씀을 읽기, 성찬을 통해 주어진 약속들에 대한 암송이 있어야 합니다. 감사로 그것을 받기 위해, 우리 스스로는 성찬에 합당할 수 없기에 그분의 자비로 우리를 그 만찬에 참여시켜 주시기를 구하는 기도가 드려져야 합니다. 빵과 포도주를 나눴으면 이에 합당한 사랑과 행위가 있어야 할 것을 권면하고 감사하고 찬미하며 돌아가면 됩니다.

성찬에 합당하지 않은 현저한 죄가 나타난 자들은 성찬에서 제외시키는 것이 필요합니다. 무교병과 유교병, 붉은 포도주와 흰 포도주 사이에서 어느 것이 좋으냐 하는 것은 논쟁할 가치가 없습니다. 각자의 판단에 합당하게 사용하면 됩니다. 이제 이런 쓸데없는 논쟁이 아닌, 사람이 고안한 잘못되고 완전히 악한 거짓 성례에 대해서 알아보겠습니다.

제5장

로마교회의 거짓성례

Institutio Christianae Religionis

1. 성례의 제정

참된 성례를 결정하는 것은 오직 하나님만의 일입니다. 왜냐하면 성례는 하나님의 약속이 확실하다는 증표인데, 부패한 인간에게서는 하나님의 약속이 확실하다는 근거가 될 수 있는 그 어떤 것도 찾을 수 없기 때문입니다. 오직 하나님의 말씀만이 확실하며, 그 말씀에 근거하지 않은 이 세상의 어떤 물질적인 것들이나 요소들이 성례의 근거가 될 수 없습니다. 성례를 성례되게 하기 위해서는 하나님의 말씀이 선행되어야 합니다. 여기서는 세례와 성찬 이외에 로마교회가 내세우는 거짓 성례들에 대해 확인합니다.

2. 견진례

견진례는 로마교회에서 세례를 받은 자들에게 성령을 수여한다는 행사입니다. 그들은 주교가 대상자의 이마에 기름을 바르고 거룩한 선언을 읊조림으로서 성령을 받게 된다고 주장합니다. 그러나 성경 어디에도 거룩한 기름을 바름으로 성령을 받게 된다는 구절이나 암시는 찾아볼 수 없습니다. 하나님의 말씀을 맡은 사역자들의 첫 번째 수칙은 하나님의 명령이 없이는 아무것도 하지 않는 것입니다. 거룩한 기름과 거룩한 선언이 성령을 준다는 가르침은 성경 어디에서도 찾아볼 수 없습니다.

그들은 사도들이 안수했을 때 성령이 임하셨고 신비한 이적이 일어났다는 성경의 말씀을 근거로[38] 자신들의 안수가 여전히 그와 같은 신비한 힘이 있다고 주장합니다. 사도들의 안수는 그 자체로 신비한 힘이 있었던 것이 아니라 하나님의 일을

---

38) 사도행전 8:17

나타내는데 도구로 사용되었을 뿐입니다. 그런 신비한 일들은 잠시 동안만 있었고 그의 왕국의 위대함과 말씀의 존귀함이 나타난 이후로는 사라졌습니다. 그런 신비한 은사가 사라졌는데, 그 은사의 도구로 사용되었던 안수는 무슨 의미가 있습니까.

만약 안수하는 형식을 따를 수는 있다 하더라도, 기름은 무엇입니까? 어떤 물질을 통해서 하나님의 성령이 전해진다고 주장하는 것은 그리스도 안에 있는 구원을 완전히 부정하는 것입니다. 세례의 물과 성찬의 빵과 포도주도 그 물질 자체에 능력이 있는 것이 아니라 하나님의 말씀으로 성별되는 것이 중요합니다.

또한 이 견진이라는 것은 세례가 충분히 완전하다는 것을 부인합니다. 바울은 그리스도와 연합하기 위하여 세례를 받은 자들은 그리스도로 옷 입었다고 이야기하지만,[39] 견진을 이야기하는 사람들은 세례를 통해서는 죄사함을 받을 뿐이고, 견진을 받음으로 그리스도인으로 살 수 있는 능력을 받는다고 가르칩니다. 이는 세례에 대한 노골적인 모욕이며 세례의 기능을 폐하는 것으로, 우리를 하나님의 진리에서 멀어지게 합니다.

---

39) 갈라디아서 3:27

그들은 세례만으로 충분하지 않고 견진을 받아야 성령을 받고 참된 그리스도인이 된다고 합니다. 만약 그렇다면 왜 그들은 모든 세례교인들에게 견진을 행해서 참된 그리스도인으로 만들지 않고 어떤 사람들은 반쪽인 상태로 버려둡니까? 세례만을 받은 소위 반쪽 상태의 사람이 갑자기 죽음을 당할 위험에서 왜 건져내지 않습니까?

게다가 그들은 세례는 모든 사제가 줄 수 있지만 견진은 꼭 주교에게, 일반 사제보다 높은 사제에게 받아야 한다고 합니다. 세례를 설명하는 항목에서도 살펴보았지만, 성례를 베푸는 사람의 손에 능력이 있는 것이 아니라 하나님의 말씀에 능력이 있습니다. 그들은 일반 사제는 견진을 베풀지 못하고 고위 사제만이 베풀 수 있다고 주장하여 성례의 능력이 사람에게 달려 있다고 주장합니다. 이는 성례가 하나님과 그분의 말씀에 근거한다는 진리를 정면으로 부정하는 행위입니다. 또한 견진이 세례보다 더 가치 있고 높은 것이라 하여 성례 자체에도 우열을 정합니다. 이는 결코 성경의 가르침이 아닙니다.

이마에 기름을 바르는 행위가 무슨 의미가 있습니까. 성경에 근거하지 않고 인간이 고안해 낸 이런 잘못된 예식은 그 의미를 찾기 위해 애쓸 것이 아니라 과감히 폐해야 합니다. 우리는 견진과 같이 인간이 고안한 행위가 아니라, 아이들이나 청

소년들이 교회 앞에서 신앙고백을 할 수 있게 하는 교육방법, 즉 교리문답을 작성하고 가르쳐야 합니다.

3. 고해

성경에서 회개를 연구한 사람들은 다음과 같이 이야기합니다. "회개는 두 가지 부분으로 구성되는데, 자기를 죽이는 것과 새로 사는 것이다. 자기를 죽이는 것은 죄를 인식할 때 진실로 죄를 미워하고, 자신에 대해 불만을 품고, 비참하고 망하게 되었음을 고백하고 새 사람이 되기를 원한다." 또 어떤 사람들은 율법적인 회개와 복음적인 회개를 이야기합니다. 율법적인 회개는 하나님의 진노에 대한 두려움과 불안함에 사로잡혀 결국 거기서 헤어나올 수 없지만, 복음적인 회개는 그 두려움과 불안함 가운데서도 그것을 약으로 삼아 결국 그리스도를 붙잡게 됩니다.[40] 가인이나 사울은 율법적인 회개에 사로잡혀 결국 망하게 되었고, 히스기야는 복음적인 회개로 결국 자신의 약함을 가지고 하나님 앞에 나가서 그분의 선하심을 붙잡았습니다.

---

40) 고린도후서 7:10

회개와 믿음은 서로 떨어질 수 없는 것이지만 구분이 됩니다. 이 둘은 한 쌍으로 함께 주어집니다. 회개는 옛사람을 죽이며 하나님에 대한 두려움을 가지고 바른 길로 돌아오는 것입니다. 회개는 거듭남의 방법입니다. 자신의 죄에 대한 두려움으로 끝나는 것이 아니라 그 두려움을 가지고 그리스도께로 돌이켜 그분이 베푸시는 자비를 받는 것입니다. 회개는 자신을 죽이는 것입니다. 우리는 회개를 통해 그리스도를 알 수 있으며, 그리스도는 자기 죄 때문에 죽어가는 것을 알고 애통하는 죄인에게만 자신을 드러내십니다. 자신에 대한 크나큰 불만을 가진 자만이 이런 유익을 얻을 수 있습니다. 그런 사람만이 그리스도께 달려갈 수 있습니다.

로마교회의 스콜라 학자들은 회개를 다음과 같은 삼단논법으로 이야기합니다. 그것은 마음의 통회, 입의 고백, 행위의 속죄입니다. 이 세 가지가 반드시 있어야 회개를 한 것이며, 이를 통해서만 용서를 받을 수 있다고 합니다. 그러나 이런 조건을 만족시켜야 비로소 용서를 받을 수 있다면, 이런 회개는 비참과 절망밖에 되지 않습니다. 그들은 먼저 마음으로 통회해야 한다고 가르칩니다. 그런데 누가 자기 자신의 죄에 대해서 완전히 알고, 완전히 전력으로 아파하며 애통해 한다고 자처할 수 있습니까? 어디까지, 얼마나 오래, 얼마나 크게 괴로워해야 충분한 통회입니까? 자신의 죄를 얼마나 아파해야 충분한 것인지 알 수 있는 사람은 아무도 없습니다. 게다가 그렇게 아파하는 것이 사죄의 원인이 될 수도 없습니다. 사죄는 우리가 아파하는 우리의 행위로 주어지는 것이 아닌 하나님의 자비의 결과입니다. 성경은 통회를 죄사함의 근거로 제시하지 않습니다.

두 번째, 그들은 자신의 죄를 입으로 고백해야 한다고 합니다. 그리고 그 고백은 사제들에게 해야 한다고 합니다. 그러나 야고보 사도가 죄의 고백을 이야기할 때는 상호 고백을 의미한 것이었습니다.[41] 우리는 서로의 마음을 털어놓고 형제를 위해 기도하는 것이 필요하지, 사제에게 죄를 고백하고 그의 지도를 받는 것을 필요로 하지 않습니다. 성경이 이야기하는 것은 죄를 사해 주시고 씻어 주시는 분은 주님이시므로, 그분께 우리의 죄를 고백하고 용서받으라는 것입니다. 공동체 안에서 죄를 고백하는 것은 우리의 약점을 서로 나누고 서로를 위해서 기도하기 위해서입니다.

성경 어디에서도 사제든 누구든 인간에게 죄를 고백하고 그

---

[41] 야고보서 5:16

들을 통해 메이거나 풀리는 것을 가르치지 않습니다. 로마교회의 스콜라 학자들은 용서의 권한이 하나님께 있음을 인정하나 그것을 선포하는 권한이 사제에게 있다고 주장합니다. 이 역시 옳지 않은 주장입니다. 그들은 일년에 한 번이라도 사제 앞에 나와 죄를 고백하고 사제가 요구하는 행위를 함으로서 그 죄를 사함 받는다고 가르칩니다. 그러나 지은 죄를 다 고백하는 것도 불가능하고, 행위를 통해 그 죄를 씻는 것도 가능하지 않습니다. 이것은 사람을 속이는 일이며 독약과 같은 것입니다.

죄 고백의 시작은 우리의 죄악이 우리의 이해를 초월할 만큼 크나큰 것임을 인정하는 것입니다. 죄를 인정하고, 하나님 앞에 고백하더라도 더욱 더 많은 죄들이 남아 있고 거기서 헤어날 수 없이 우리 죄가 크다는 사실을 인정하고 숙고해야 합니다.

고해성사를 통해서 죄사함을 받았다고 생각하는 것은 가장 대담한 범죄입니다. 일 년에 한 번 사제 앞에 고해를 하고는 나는 죄가 없다고 생각하는 것이야말로 제멋대로 짓는 죄입니다. 복음은 이런 행위를 통하여가 아니라 그리스도 예수 안에서 해방되고 자유롭게 되었음을 선포합니다. 죄의 용서, 영생의 약속, 구원의 복음은 인간의 능력으로 받을 수 없습니다. 복음을 듣고 회개하는 자는 죄사함을 받고, 복음을 거부하는 자는 죄

가 그대로 있습니다.[42]

로마교회의 가르침과는 달리 사제들은 사도들의 계승자나 대리자가 아닙니다. 또한 교회가 가진 사명은 회개와 사죄를 선포하는 것이 아닌 복음전파입니다. 죄사함은 베드로나 바울의 피나 다른 순교자들의 공덕이 흘러 넘쳐서 그것을 통해 받는 것도 아닙니다. 이는 그리스도의 보혈의 능력을 다른 순교자들의 희생과 같은 것으로 끌어내리는 신성모독입니다.

스콜라 학자들의 세 번째 가르침은 보속(고해 후 사제가 지정하는 행위를 시행해서 자신의 죄의 대가를 치르는 것)입니다. 이는 하나님께 대가를 치러야 한다는 주장입니다. 하나님의 죄사함의 은혜는 값없이 주어집니다. 인간의 어떤 행위나 교회의 어떤 선포도 그리스도를 대신할 수 없습니다. 오직 그리스도만이 유일한 보속물입니다. 그들은 보속이 가능한 죄와 죽을 죄를 나눕니다. 어떤 죄는 인간의 행위를 통해 용서받을 수 있다는 것입니다. 그러나 성경은 그러한 구분을 가르치지 않습니다.

하나님은 때로는 보응하시고 때로는 징계하십니다. 하나님의 자녀가 아닌 자들에게는 그들의 죄에 대해서 보응하십니다.

---

42) 요한복음 9:41

그러나 자녀들의 죄에 대해서는 아버지로서 그들을 교정하시기 위해 이를 징계하십니다.[43] 이는 분명히 구분됩니다. 마치 죄를 지은 다윗의 아들을 죽게하심으로 그를 징계하셨던 것처럼 말입니다.[44] 이 징계는 보속이 아닙니다. 이렇게 당한 고통을 통해 그들의 죄가 사함받는 것이 아닙니다. 다윗에 대한 징계는 이후에 다시는 그와 같은 죄를 범하지 않도록 그를 가르치시기 위해 주신 것이었지 보속이나 보복이 아니었습니다.

아울러서 로마교회는 연옥을 만들어 냈습니다. 이땅에서 다 하지 못한 보속을 죽음 이후 그곳에서 마저 해야 한다는 주장인데 이 또한 성경이 가르치는 것이 아닙니다. 연옥은 그리스도를 거부하는 신성모독이며 고해성사는 가짜입니다.

4. 종부성사

종부성사는 로마교회의 신자가 죽을 때에 기름을 바르며 기도하는 행위입니다. 로마교회에서는 때가 잘 맞으면 이를 통해 병이 낫고, 혹시 그렇지 않더라도 그 영혼은 구원받는다고 가

---

43) 히브리서 12:6
44) 사무엘하 12:22

르칩니다. 다시 한 번 기름을 바르는 것이 나오는데 역시 쓸모없는 일입니다. 기름이 성령님과 그분의 은사를 상징한다는 것은 진부한 이야기입니다. 주님께서 잠시 부어주셨던 다른 은사들과 마찬가지로 병고침의 은사도 사라졌습니다. 새로운 복음 전파가 놀라운 것이 되게 하기 위해 주어졌던 신유 역시 사라졌습니다. 그런 은사들이 혹시 초대교회의 사도들에게는 가능한 일이었을지 모르나 지금 우리와는 상관이 없는 일입니다. 왜냐하면 우리는 그러한 권한을 받지 않았기 때문입니다. 물론 주님은 어느 시대나 그분의 백성들과 함께 하시며 필요하시다면 그들의 병을 고치십니다. 그러나 어떤 사람이 능력을 받아 병을 고칠 수 있었던 것은 사도들에게 국한됩니다.

기름을 바르고 기도하는 것은 하나님이 주신 어떤 약속도 가지고 있지 않습니다. 성경 어디에도 그렇게 함으로 병을 고치고 영혼을 구한다는 가르침이 등장하지 않습니다. 야고보는 병자가 있으면 기름을 바르고 기도하라고 가르치지만[45] 이는 특별한 약을 병자들을 위해서 쓰라는 명령이며 고통 중에 있는 형제를 위해 교회가 기도하는 것을 주님이 외면하지 않으실 것이라는 믿음에 대한 이야기이지 기름을 바르는 행위를 통해 사

---

45) 야고보서 5:14

제들의 손으로 병을 고칠 수 있다는 가르침은 아닙니다. 기름을 바른다고 해서 죄가 씻기는 것도 아니고 병이 낫는 것도 아닙니다. 이 역시 성경의 가르침을 잘못 이해한 가짜 성례입니다.

5. 신품성사

로마교회는 사제들을 세우는 의식을 성례로 만들었습니다. 그들은 자신들이 주장하는 일곱 개의 성사(세례, 성찬, 견진, 고해, 종부, 신품, 혼인)에 다시 사제를 세우는 것으로 일곱 가지 성사를 더 추가합니다. 성직 계급이 올라갈 때마다 서로 다른 성례를 베풀고 서로 다른 성령의 은사를 받는다고 주장합니다. 이는 성경에서 이야기하는 성령을 오해해서 빚어진 사건입니다. 한 분 성령님을 그들은 일곱 가지 능력의 일곱 가지 존재로 설명합니다.[46] 이는 잘못입니다. 역사적으로 사제의 계급에 대해서도 자기들끼리 일치를 이루지 못했습니다. 때로는 일곱 계급의 사제가 있다고 주장하고 때로는 세 계급의 사제가 있다고 주장합니다

---

46) 이사야 11:2

다(역자주: 현재는 부제, 사제, 주교의 3계급).

그들은 소수의 체발(정수리 부분의 머리카락을 미는 것)한 사람들이 다른 사람을 다스리는 위치에 있는 사제라고 주장하지만, 베드로는 모든 믿는 자들이 왕 같은 제사장이라고 가르칩니다.[47] 그들은 또한 그리스도께서 성전에서 상인들을 몰아내고 회당에서 가르치시고 제자들의 발을 씻기시는 일들을 자신들의 성직 계급과 연결해서 그리스도를 자신들의 동료자리로까지 끌어내립니다. 이런 주장은 진지하게 반박할 필요조차 없는 일입니다. 사제의 계급을 나누는 것은 그리스도 앞에서 불경한 일입니다.

그리스도 안에 있는 우리는 모두 제사장입니다. 우리는 하나님께 찬양과 감사, 즉 자기 자신을 하나님께 드리는 제사장들입니다. 따로 사제가 있어서 우리의 제사장이 되는 것이 아닙니다. 우리 모두가 제사장이며 우리의 유일한 참된 대제사장은 오직 그리스도이십니다.

사제들은 사도의 후계자들이 아닙니다. 장로도 사도의 후예가 아닙니다. 사도는 예수님이 세우신 12명 밖에 없습니다. 예수님께서는 그들만을 사도로 부르셨습니다. 또한 지금의 장로

---

47) 베드로전서 2:9

는 각 지역교회에 소속되어서 그 교회만을 섬기지만 사도들은 지역에 제한을 받지 않고 말씀을 섬겼습니다. 장로의 소임은 복음을 전하고 성례를 집행하는 것입니다. 그들은 하나님께 부르심을 받은 교회의 사역자들입니다. 그들이 하는 일은 제사장의 사역이 아니라 교회의 일입니다. 교회에 하나님의 말씀의 선포자 이외에 다른 사역자는 없습니다. 로마교회의 사제들은 자신들을 여러 가지 직함으로 부르지만 그 모든 것들은 다 사탄에게 바칠 요리입니다. 그들은 사제로 서품을 받고 그리스도를 제물로 삼아 사탄에게 바칩니다.

교회의 사역자로 세워지는 사람은 어떤 사람입니까? 교회의 회중이 함께 의논해서 올바른 교리와 흠 없는 생활을 지속하고 있는 형제들을 그 직위에 세워야 합니다. 모든 교회가 함께 투표해야 하는가, 책임을 진 몇 사람의 결정이면 되는가 하는 문제는 상황에 따라 달라질 수 있습니다. 물론 그 모든 근거는 성경에 두어야 합니다. 그들을 세우는 의식도 특별한 순서와 행위, 이를테면 기름을 바르고, 고위 사제들이 그들을 향해 숨을 내쉬는 등의 행위는 필요치 않습니다. 구약에서 제사장을 세울 때 기름을 부어 세웠다는 이유로 그들에게 기름을 바른다면 왜 양과 염소를 잡는 제사는 드리지 않습니까? 이는 실로 쓸데없는 일입니다. 다만 사도들이 안수해서 사역자를 파송했듯이 안수로 족합니다. 이것도 역시 안수 자체가 어떤 능력이 있거나 이를 통해서 고위 사제의 능력이 다른 사람에게 전이된다고 여기면 잘못입니다.

가난한 사람을 돌아보고 구제하는 것이 집사 직분의 일입니다. 처음에는 회중이 뽑고 세운 자들에게 사도들이 기도하고 안수해서 첫 집사를 세웠습니다.[48] 로마교회에서는 부제라는 이름으로 집사를 사제의 한 계급에 넣고 미사를 돕는 일을 맡겼는데, 이는 성경에서 유래한 집사직과는 전혀 다른 것입니다.

성례는 말씀과 결부되어 있고 말씀의 근거가 없이는 세워질 수 없습니다. 신품성사는 하나님이 정하신 성례가 아닙니다.

6. 혼인성사

모든 결혼은 하나님께서 정하신 일이지만 이를 성례로 지정할 수는 없습니다. 결혼을 그리스도와 교회의 영적인 결합을

---

48) 사도행전 6:6

상징한다고 해서 성례라고 인정한다면 성경에는 성례가 되어야 할 무수히 많은 일들이 있습니다. 그러나 그런 모든 것들을 다 성례라고 하지는 않습니다. 결혼에 관한 규정을 정하고 이를 지키는 것, 결혼을 교회의 일로 여기고 교회의 주관아래 행해야 하는 것은 맞는 일이지만 이를 성례로 정해서 세례나 성찬과 같은 반열에 올리는 것은 있을 수 없는 일입니다.

제6장

교회의 권세, 세상의 정치 그리스도인의 자유,

Institutio Christianae Religionis

1. 그리스도인의 자유

복음을 가르칠 때 그리스도인의 자유도 반드시 가르쳐야 합니다. 왜냐하면 이 자유에 대한 지식이 없다면 매사에 망설이게 될 것이기 때문입니다. 어떤 사람들은 이 자유를 핑계로 곧 방종에 빠져 순종을 멈춥니다. 그리스도인의 자유는 그런 것이 아닙니다. 이 자유에 대해서 잘 알아야 비로소 복음에 대해서도 올바르게 알 수 있습니다.

그리스도인의 자유는 세 부분으로 구성되어 있습니다. 그

첫 번째는 신자의 양심은 율법에 얽매이지 않고 이를 넘어서야 한다는 것입니다. 율법으로는 의롭다 하심을 얻을 수 없기 때문에 율법에 얽매여서는 양심의 자유를 찾을 수 없고 오히려 율법에 빚진 자가 될 뿐입니다. 그러므로 칭의를 논할 때는 율법에 대한 언급이 아니라 하나님의 자비를 붙잡고 자기 자신을 보지 말고 그리스도를 바라봐야 합니다. 물론 율법이 신자들에게 불필요한 것은 아닙니다. 그것은 신자들의 삶을 가르치고 권면하며 선을 촉구하기 때문입니다. 우리는 칭의와 신자의 삶 이 둘을 나눠서 생각해야 합니다. 율법은 경건과 순결을 촉구합니다. 그러나 하나님의 심판대 앞에서는 율법의 의가 아닌 그리스도의 의만을 내세울 수 있습니다. 갈라디아서에서 바울이 말하는 것이 이것입니다. 어떤 사람들은 거기에서 자유는 형식으로부터의 자유를 논한다고 이야기하지만 실제로는 그보다 더 높은 수준의 것, 정신적인 면을 포함하고 있습니다.[49]

그리스도인의 자유의 두 번째 부분은 양심이 율법을 준수한다는 것입니다. 그것은 율법을 지켜 의로워지려는 필요에 의해서 억지로 하는 준수가 아니라, 오히려 율법의 멍에로부터 벗

---

49) 갈라디아서 5:1

어나서 우리를 구속하신 하나님의 뜻에 자발적으로 순종하는 것입니다. 만일 양심이 율법에 얽매여 있다면 그 끝에는 두려움이 있을 뿐입니다. 만일 우리의 모든 행위가 율법의 기준에 따라 판단 받는다면, 그것은 결국 저주일 뿐입니다. 그러나 율법의 가혹함으로부터 벗어나 하나님의 음성을 듣는다면, 우리는 그 음성에 응답하여 그분의 인도하심에 따르지 않겠습니까? 율법에 얽매인 자들은 종과 같고 그들에게 율법은 매일 부과되는 노역과 같은 일이 됩니다. 그 버거운 일은 결코 하루에 끝낼 수 있는 양이 아니기 때문에 매일 매일이 일을 마치지 못했다는, 그리고 그로 인한 심판을 두려워하는 날들이 될 것입니다. 그러나 하나님의 부르심을 받아 양심의 자유를 얻은 자들은 하나님의 자녀입니다.[50] 그들은 아버지의 사랑에 순종해서 자발적으로 그 일을 행합니다. 비록 주어진 일을 완수하지 못해도 아버지는 그들의 순종과 자원하는 심령을 받아주실 것을 믿기 때문에 두려워하지 않고 자신들의 해낸 일을 하나님께 드립니다. 아주 모자라고 부족한 자녀일지라도 관대한 아버지의 사랑을 안다면 두려움 없이 그분의 말씀에 순종합니다. 우리는 자비로우신 아버지께서 우리의 불완전하고 설익은 순종도 받으

---

50) 로마서 8:15

시고 은혜를 베푸실 것임을 확실히 신뢰하며 붙잡아야 합니다.

그리스도인의 자유의 세 번째 부분은 그 자체로 별로 중요하지 않은 외형적인 것들은 때로는 그것들을 사용해도 좋고 때로는 무관심하게 버려둬도 좋다는 것입니다. 먹는 것과 마시는 것과 사용하는 것에 있어서 믿음으로 자유를 사용하면 됩니다. 바울은 제물로 바쳐진 고기를 먹는 일에 대해서 이야기하며 이것이 양심에 아무런 거리낌을 주지 않는다면 먹어도 좋지만 만약 양심에 거리낌이 있는데 먹으면 죄가 된다고 가르칩니다.[51] 양심에 근거한 자유를 행사하면 됩니다.

모든 것들이 우리가 사용할 수 있도록 성별되었으므로 감사함으로 받아서 사용하면 됩니다.[52] 감사하는 사람은 하나님의 선물들이 그분의 사랑으로 말미암았음을 깨닫고, 그렇게 주신 것이 선하다고 생각하며, 이렇게 하시는 하나님을 찬양하는 자들입니다. 어떤 사람은 그런 확신과 감사가 없는 자들도 있습니다. 첫 번째 부류는 하나님의 선한 선물들을 자신의 탐욕을 위해 잘못 사용하는 사람들이고, 두 번째 부류는 자유란 존재하지 않는 것이라 생각하는 사람들이며, 세 번째 부류는 더

---

51) 고린도전서 8:1~13
52) 디모데전서 4:4

약한 형제들에 대한 배려 없이 자유를 사용하는 사람들입니다. 그들은 감사도 없고 자유도 없는 자들입니다.

이중 사람들은 첫 번째 잘못을 가장 많이 저지릅니다. 부요를 자랑하지 않는 사람은 없습니다. 하나님의 선물을 자신의 탐욕을 채우기 위해 갈망하고 이를 뽐내며 자랑하고 거침없이 낭비하며 그렇게 해서 하나님이 주신 선물이 더럽혀집니다. 상아나 금이나 새 포도주는 하나님이 주신 선물입니다. 그러나 이런 것들을 탐닉하는 뒤에는 탐욕과 자유에 대한 오용이 뒤따릅니다. 하나님의 사람들은 이런 욕망과 낭비와 교만과 자랑을 떨쳐버려야 합니다. 하나님이 주신 것에 만족하여 어떤 형편에든지 자족하며 배부름과 배고픔과 풍부와 궁핍에 일체의 비결을 배워야 합니다.[53]

두 번째로 어떤 사람들은 자유가 없다고 불평합니다. 그들은 자신을 구속하는 약간의 규율에도 불만을 가지고 투덜거립니다. 만일 그런 자들이 율법에 따라서 절제한다면 그런 절제는 양심의 자유 안에서 자유로운 절제가 아닌 강제로 얽매여서 억지로 하는 것입니다.

세 번째 부류는 자신의 자유를 약한 자들을 고려하지 않고

---

53) 빌립보서 4:13

사용하는 사람들입니다. 이 사람들은 먹는 것과 입는 것에 거리낌 없는 양심의 자유를 가지고 있습니다. 그러나 약한 자들을 고려하지 않고 자유를 사용하는 것은 잘못입니다. 우리의 자유를 사용함에 있어서 우리는 반드시 약한 지체들을 고려해야 합니다.

형제의 실족에 대해서 우리는 주어진 실족과 받은 실족으로 구분합니다. 당신의 어떤 행위 때문에 형제가 실족했다면 그것은 당신에 의해서 주어진 실족이라 부를 수 있습니다. 받은 실족은 자신의 엄격함으로 남의 실수를 용납하지 못해서 스스로 받은 실족입니다. 주어진 실족에 대해서 우리는 자유를 적절히 사용해서 이런 실족을 받은 형제들이 없도록 주의해야 합니다. 그러나 자신의 엄격함 때문에 스스로 실족한 자들에 대해서는 단호해야 합니다. 약한 자들의 어떤 행위 때문에 신앙경륜이 오래 된 자가 다른 사람의 실수에 실족하게 되었다면 이는 바리새인과 같은 것입니다. 자유의 큰 핵심은 믿음이 강한 자가 마땅히 믿음이 약한 자들의 약함을 담당해야 한다는 것입니다.[54] 믿음이 약한 자들에게 주어진 실족을 조심해야 하지만 믿음이 강한 자들이 약한 자들로 인해 받은 실족은 비판받아 마

---

54) 로마서 15:1

땅합니다. 우리는 약한 형제들에게 종이 되어야 합니다.

때로는 목적이나 정신은 그대로지만 행동을 달리 할 수 있습니다. 디모데에게는 유대인들에게 복음을 전하기 위해 할례를 받게 했으나[55] 디도에게는 이를 금했습니다. 바울은 이를 가만히 들어온 자들이 염탐하려고 하기에 일부러 디도에게 할례를 금했다고 합니다.[56] 누군가가 성경이 이야기하지 않는 규범을 만들어서 강요한다면 우리는 단호히 이에 반대해서 우리의 자유를 주장해야 합니다. 또 우리의 자유는 사랑을 좇아야 하고 이웃을 세우는데 사용해야 합니다.

그리스도인의 자유는 그리스도에게 받은 선물이자 특권입니다. 우리는 선물로 주어진 자유를 사용해야 하며 거짓성례와 같은 어떤 의식이나 행사의 함정에 빠지지 말아야 합니다. 그리스도께서는 값비싼 대가인 자신의 보혈로 우리를 자유케 하셨기 때문에 우리는 반드시 이를 믿음 안에서 잘 사용해야 합니다.

이 자유를 위해서 우리에게는 두 통치자가 주어졌습니다. 그것은 영적 왕국과 정치적 왕국인데 곧 교회와 세상 정치입니다.

---

55) 사도행전 16:3
56) 갈라디아서 2:3

2. 교회의 권세

세상의 권세는 교회마저도 자신들이 제정한 법률로 얽어매고 그 법률이 영적인 것을 위한 것이며 영생을 위하여 필요하다고 주장합니다. 그러나 그리스도께서 이미 자유롭게 하신 문제에 대해서 양심의 의무감을 부여해서는 안되며 자유를 허용해야 합니다. 양심은 거룩한 복음의 통치를 받아야 하며 그 외에는 어떤 예속이나 속박에 얽매여서는 안됩니다. 비단 세상의 법만이 아닙니다. 하나님께 대하여 참되며 반드시 필요한 경배의 방법을 규정한다고 주장하는 수없이 많은 교회의 헌법들도 마찬가지로 시시때때로 사람들의 영혼을 잡아서 함정에 빠뜨립니다.

그렇다면 교회의 권세는 무엇입니까? 그것은 전적으로 하나님의 말씀의 사역의 권세입니다. 성경에서 선지자들이나 제사장이나 사도들이나 그 후계자들이나 여하간에 사람에게 수여하는 권위는 그 사람들에게 주어진 것이 아니라 그들이 위임받은 사역, 구체적으로는 그들에게 사역을 맡긴 말씀에 주어진 권위입니다. 그들은 모두 주님의 이름과 말씀으로 하는 것 외에는 어떠한 것도 가르치거나 명령하거나 혹은 답하는 것에 어떠한 권위도 부여받지 않았습니다. 사역자 자신이 아닌 하나님의 말씀이 권위를 가집니다. 그 말씀의 권위는 결국 그리스도로 나타나셨습니다. 하나님께서는 그분의 가르치시는 모든 말씀을 이 아들에게 맡기셨기에 우리는 그리스도를 하나님께로부터 온 최종적인 권위와 증거로 여겨야 합니다. 우리는 그 외의 어떤 것도 창안해서 만들어내면 안됩니다.

생명의 말씀이 우리 가운데 거하시는데[57] 우리는 도대체 사람에게 무엇을 기대하며 희망해야 합니까. 그리스도께서는 자신의 말씀에 다른 사람이 무언가를 덧붙일 것을 하나도 남겨두지 않으셨습니다. 그분의 말씀은 그 자체로 완전하고 종결되었습니다. 그리스도의 제자들에게는 무언가를 더 연구해서 덧붙이라는 명령이 주어지지 않고 오직 그들에게 분부한 모든 것을 가르쳐 지키게 하라는 명령만이 주어졌습니다.[58] 말씀을 넘어서는 일을 하는 것은 그리스도와 벨리알 사이의 거리와도 같은 먼 거리가 있습니다. 따라야 할 규범을 정하는 권한은 사도들도 받지 않고 교회의 사역자들에게도 주어지지 않고 오직 하나님만의 사역입니다. 로마교회는 교회가 그리스도의 말씀과 같은 권위를 가지고 있고 교회의 가르침만으로도 충분히 구원에 이를 수 있다고 주장합니다. 그들은 그와 같은 권위가 주교들

---

57) 요한복음 6:68
58) 마태복음 28:20

에게 주어졌으며 이는 그리스도의 사도들에게 받았다고 주장합니다. 우리는 그런 주장을 하는 자들과 논쟁할 필요조차 없으며 다만 연약한 지체들이 그들에게 속지 않도록 가르칠 뿐입니다.

교회가 만일 그리스도의 왕국이며 그리스도께서 친히 다스리신다면, 하나님의 말씀을 이탈하는 규범을 제정하는 것은 거짓교회입니다. 하나님은 자신이 말씀하신 방법이 아닌 사람들이 고안해 낸 예식으로 경배 받는 것에 분노하십니다. 만일 우리가 어떤 은사를 받았는데, 그 은사가 교회에 일치하지 않아 교회를 방해하고 파괴하는 결과를 낳는다면 이도 거짓입니다. 다양한 은사를 받았어도 교회는 개별적으로 각자가 받은 은사보다 더 충만하고 보배로운 지혜를 받았습니다. 하나님은 언제나 자기 백성들과 함께 계시며 그들을 다스리십니다. 사도로, 복음 전하는 자로, 선지자로, 목사와 교사로 은사를 주어 세우시는 이유는 그리스도의 몸인 교회를 세우시기 위함입니다.[59] 우리는 육신에 거하는 동안은 그리스도와 한 몸임을 조금 맛본 정도이니 자신의 연약함을 깨달아 하나님의 말씀의 테두리 안

---

[59] 에베소서 4:11, 12

에 힘써 머물러 있어야 합니다. 그리스도께서 말씀하신 거기에서 자신의 지혜도 멈춰야 합니다. 또한 하나님께서는 교회에 말씀을 위탁하셨기 때문에 교회는 하나님의 말씀에 의거하지 않고는 아무런 의견도 진리라고 주장해서는 안됩니다. 우리는 어떤 주장이 있을 때 거기에 대해 말씀이 뭐라고 가르치는지를 알려주는 교회의 말을 들어야 합니다. 로마교회는 하나님의 말씀의 테두리 밖으로 나가서 구원에 있어서 교회가 무오하다고 주장하나 우리는 이를 인정할 수 없습니다.

때로 교회가 하나님의 영에 의해 다스림을 받기 때문에 말씀이 없어도 바른 방향으로 갈 수 있고 그렇기에 교회들의 모임인 총회에서 일치된 견해가 진리라고 주장하는 자들이 있으나, 우리는 이 또한 거부합니다. 목회자들의 직무는 하나님의 말씀의 사역에 한정되어 있습니다. 그들이 이 직무에서 벗어난 어떤 것을 주장한다면 우리는 그들을 직무를 유기한 자들로 간주해야 합니다. 총회로 모인 목회자들이 하나님의 말씀을 외면하고 자기들 내키는 대로 행동한다면 그들은 단지 미련한 자들일 뿐입니다. 그런 모임의 결정이 사탄의 가르침인 경우가 수없이 많았습니다. 우리는 역사를 통해 그 증거를 수없이 가지고 있습니다. 오직 하나님의 말씀으로 이 모든 것들을 시험해야 합니다. 그들은 또 사도들의 결정이 하나님의 말씀과 같은 권위를 가졌다면서 자신들을 변호합니다만, 사도권은 사도들만의 고유한 것입니다. 그들이 성경을 기록할 때는 성령님께서 그들을 보호하셨음이 확실하며 성경이 완성된 이후에는 그와 같은 권위를 가진 것은 무엇도 없습니다.

이 논의는 재산이나 사유지에 대한 것이 아니라 교회와 영에 관한 것입니다. 사법적인 절차나 일반적인 정치에 개입하는 것이 교회의 임무입니까? 그렇지 않습니다. 교회의 권세를 위해서 세속정치의 권력을 추구하고 거기에서 도움을 받는 것은 옳지 않습니다. 그렇게 주장하는 거짓 목자들의 가르침에 주의해야 합니다.

예배에 있어서는 전적으로 하나님의 방법으로 드려야 합니다. 자신들의 전통이나 유전(율법에 기초를 두고 그때그때 필요에 따라 해석해서 만든 규칙)을 따를 것이 아니라 말씀과 믿음과 그리스도인의 양심에 따라야 합니다. 많은 사람들이 자신들의 사소한 가르침은 반드시 지킬 것을 요구하지만 하나님의 말씀은 가벼이 여깁니다. 사소한 것들을 어기는 것보다 사람을 경멸하고 하나님의 말씀을 가벼이 여기는 것이 더 큰 범죄입니다.

인간 사회의 공공의 평화를 지키기 위해서는 세속의 법과 규범이 필요합니다. 교회는 이를 그 누구보다도 잘 지켜야 합니다. 상식에 있어서는 그것이 절대적인 규범은 아닙니다. 그저 모두가 받아들일 만 하게 적용하면 됩니다. 그리스도인의 자유에 있어서 또 한 가지 중요한 것은 자유를 확보해야 하지만 사랑의 요청이 있다면 자유를 스스로 제어할 줄도 알아야 합니다. 그 또한 자유를 올바르게 사용하는 것입니다. 또 내가 가진 규범을 다른 사람들에게 까다롭게 강요하지도 말아야 합니다. 겉보기의 규율 상의 문제로 남을 비방해서는 안됩니다. 모세는 하나님의 명령으로 놋뱀을 만들었지만[60] 이 놋뱀이 우상이 되었을 때 히스기야는 이를 깨뜨렸고 성령의 증거로 칭찬을 받았습니다.[61] 이렇게 인간의 사악한 심사를 잘 살피고 제어해야 합니다. 이 모든 것들은 교회의 덕을 세우기 위한 것입니다.

3. 세상의 정치

우리는 이중의 지배 구조 아래 있는데 교회의 권위만이 아니라 세속적 공의도 필요합니다. 이 둘은 다른 것입니다. 그러

---

60) 민수기 21:9
61) 열왕기하 18:4

나 그 둘의 지배 아래 있다 하더라도 우리의 영혼은 언제나 자유합니다. 우리는 굳게 서서 다시는 종의 멍에를 메지 말아야 합니다.[62] 어떤 왕국의 어떤 법률 아래 살아도 상관이 없습니다. 그리스도의 왕국은 그런 것들에 있지 않기 때문입니다.

그러나 세속 정치는 우리와 상관없는 것이 아닙니다. 우리는 그것을 더러운 것이라 간주해서는 안 됩니다. 땅 위에 사는 가운데 우리의 생활을 조정하고 다른 사람들과 어울려 살며 공공의 안녕과 평화를 보호하기 위해서 세속정치가 필요합니다. 또한 지역교회가 그리스도인들 가운데 존속되도록 이를 보호하는데도 세속정치가 필요합니다.

세속정치를 위해서 법률을 만들고 이를 적용하는 관원과 법률, 그리고 백성들이 필요합니다. 관원들은 하나님의 권위를 위임받아서 인간들을 대표하며 인간들을 향한 하나님의 대리자들입니다. 지배구조는 하나님의 섭리와 하나님이 세우신 법에서 나온 것이며 하나님께서는 인간들의 문제를 지도하기 위해서 이를 세우셨습니다. 그러므로 관원들은 공정함, 신중, 온화, 자제, 순결을 끊임없이 추구해야 합니다. 정부의 관원들은 하나님의 말씀으로 다스려야 합니다(역자주: 칼뱅시대 제네바는 기독교

---

62) 갈라디아서 5:1

국가였기 때문에 관원들도 모두 기독교인이며 하나님의 말씀에 따라 일해야 하는 의무를 지니고 있었다). 관원으로서 이를 멀리하는 자들에게는 하나님의 저주가 내려질 것입니다. 그리고 모든 백성들은 이렇게 하나님께 위임된 권위를 가진 관원들에게 복종해야 할 의무를 지고 있습니다. 바울은 모든 권세는 하나님으로부터 난 것이라 했습니다.[63] 그들은 공의와 정의를 행하여 탈취당한 자를 압박하는 자의 손에서 건지고 이방인과 고아와 과부를 압제하거나 학대하지 말고 무고한 죄를 흘리지 말아야 합니다. 재판에 있어서도 외모를 보지 말고 차별 없이 탄원을 들어야 하고, 사람의 낯을 두려워하지 말고 재판은 하나님께 속한 것이니 오직 하나님의 뜻대로만 판결해야 합니다. 또한 덕에 대해 영예로, 악에 대해 보응으로 대해야 합니다. 평화를 보전하고 탄압받는 사람들을 도우며 악행을 처벌하기 위해서는 때로 무력을 사용해야 합니다. 거둬들이는 공물과 세금은 정당한 수입이며 행사하는 권위의 위엄과 품위를 유지하기 위해 이를 사용할 수 있습니다. 그러나 반드시 하나님 앞에서 순수한 양심으로 행해야 합니다.

관원 다음의 문제는 법률입니다. 이는 공화국의 강력한 힘

---

[63] 로마서 13:1

줄이며 공화국의 혼이고 법률이 없이는 관원도 존재할 수 없습니다. 법률은 말 없는 관원이며, 관원은 살아 있는 법률입니다. 모세에 의해 선포된 하나님의 율법은 도덕법, 의식법, 재판법으로 나눌 수 있습니다. 도덕법은 또 두 중요한 항목이 있는데 하나는 신앙과 경건으로 하나님께 경건하라고 하는 명령이며 다른 하나는 사람들을 진실하게 사랑하라는 것입니다.[64] 의식법은 유대인들의 어린 시절에 이 법으로 훈련받았으나 그리스도에 의해서 때가 찼기에 폐지되었습니다. 재판법은 도덕법에서 이야기하는 사랑을 잘 보전하려는 의도에서 주어졌습니다.

각 민족과 국가가 나름대로 법을 만들 수 있지만, 이 사랑의 정신에서 벗어나서는 안됩니다. 그리고 그 법의 제정의 준거는 공평입니다. 어느 법이라도 사랑과 공평의 준거를 벗어나지 않는다면 우리는 이것이 하나님께서 주신 율법과 다르다고 해서 거부할 필요가 없습니다.

마지막으로 우리는 이 관원과 법률에 얼마나 복종해야 하는지 확인해야 합니다. 바울은 관원을 우리의 유익을 위한 하나님의 사자라고 합니다.[65] 그들이 일해서 우리가 안전하고 평온

---

64) 마태복음 22:37~39
65) 로마서 13:3

한 생활을 하는 것이 하나님의 뜻이기에 우리는 이러한 혜택을 누리기 위해서 관원들에게 도움을 요청해야 합니다. 그러나 분노와 사악으로 소송에 열을 올리는 짓을 해서는 안됩니다. 미워하는 마음과 복수심으로 관원과 법과 체제를 사용해서는 안 됩니다. 무절제한 소송이 크게 유행했던 고린도교회에 세상법정에 교회일을 가져가지 말라고 바울이 권면했을 때,[66] 이는 세상법정을 아예 사용하지 말라는 권면이 아닌 무절제한 소송을 정죄하는 것이었습니다. 우리는 사랑 없이 시도하는 또는 사랑을 넘어서서 진행하는 모든 논쟁이 불의하고 불경건한 것임을 알아야 합니다.

또한 우리는 권원들에 대해서 존중하고 하나님이 수여하신 지배권을 인정해야 합니다. 그들을 존경하고 복종해야 합니다. 공공 업무에서 절제하는 것도 이러한 복종 안에 포함됩니다. 불필요한 소란이나 과도한 소송을 피해야 합니다.

지금까지 하나님에게 합당한 관원들과 권세에 대해서 말했습니다. 그렇다면 그렇지 않은 관원들에 대해서는 어떻게 해야 할까요? 폭군에 대해서는 어떤 태도를 취해야 합니까? 우리는

---

[66] 고린도전서 6:1~11

악독한 폭군 역시도 하나님이 세우신 권위임을 인정해야 합니다. 사무엘이 여기에 대해서 잘 이야기합니다. 왕들의 방종함이 너희를 괴롭히더라도 너희는 거기에 경청해야 한다는 것입니다.[67] 잔인한 폭군, 사악한 왕은 세상에 대한 하나님의 진노의 도구입니다. 올바르지 않은 통치자라 하더라도 복종의 의무가 우리에게 있습니다. 그들에게 압제 당할 때 우리는 과거의 죄과를 떠올리고 그 죄과로 인해서 주님의 징계의 채찍이 내려쳐지고 있음을 상기해야 합니다.[68] 그러나 동시에 하나님께서는 왕들과 왕국들을 지배하시는 분이심을 기억합시다.[69] 땅 위의 군왕들과 재판관들, 관원들이 부당하게 법을 만들고 가난한 자를 불공평하게 판결하고 과부와 고아를 약탈할 때 하나님은 그들을 쓰러뜨리고 분쇄하실 것입니다.[70] 하나님은 그의 종들 가운데 복수자를 세우셔서 사악한 통치에 형벌을 내리고 부당하게 압제당하는 자신의 백성을 구원하십니다.[71]

만일 그런 사악한 왕이 하나님의 법을 떠나서 자신의 탐욕에 복종하기를 강요한다면 우리는 이에 불복해야 합니다. 지상

---

67) 사무엘상 8:11~17
68) 다니엘서 9:7, 11
69) 잠언 21:1
70) 이사야 10:1~2
71) 출 3:7~10, 사사기 3:9

의 왕국 지배자에게 복종하기 위해 더 위에 계신 분에게 불복해서는 안됩니다. 오직 하나님만이 왕이 되십니다. 만일 관원들이 하나님의 위엄을 파괴한다면 우리는 관원들의 위엄에 조금도 복종해서는 안됩니다. 사악한 왕은 그런 자들에게 분노를 일으키겠고, 박해가 시작되겠지만, 그리스도께서 큰 값을 치르시고 우리를 구원하셨으니 우리는 그들의 사악한 욕망과 불경건에 복종해서는 안됩니다.